프로바둑강좌・고급활용 4

상대를 압도하는 강한 바둑 구상력

本因坊 武宮正樹 지음

프로바둑연구회 편

도서출판 眞華堂

프로바둑강좌 · 고급활용 4

상대를 압도하는 강한 바둑 구상력

本因坊 武宮正樹 지음
프로바둑연구회 편

도서출판 眞華堂

독자 여러분께

바둑을 배운 지 얼마 안되는 사람들에게 공통된 방법이있읍니다. 상대가 두면 바로 그 근처에 두고, 또 상대가 다시 그 근처로 두어 어느 한 부분에 돌이 겹치게 됩니다. 흔히 '돌담 바둑'이라고 합니다.

초심자가 흔히 두는 돌담 바둑은 아마츄어의 공통된 심리를 나타내고 있읍니다. 혹 당신이 항상 상대의 착수에 끌려 대국을 놓친다면 바둑의 힘은 있어도 심리는 초심자와 다를 바 없는 것입니다.

이 책에서 다룬 구상력은 이같은 심리에서 벗어나는 것에서부터 시작합니다. 구상을 가다듬기 위해서는 전국을 보지 않으면 안됩니다. 그것은 상대의 의도, 작전에의 대항입니다. 혹 상대가 전국적인 구상을 갖고 있지 않다면 당신은 일부분에서는 상대에게 양보해도 전국적인 리드를 지키는 수를 둘 수 있읍니다.

그런데 바둑의 구상력은 크게 초반과 중반의 싸움의 두 가지로 나눌 수 있읍니다.

초반은 바둑의 골격 만들기이므로 한 수가 전국의 양상을 일변시키는 분기점이 될 지도 모릅니다. 그리고 전국적인 구상이라면 대략적인 방법이라고 생각하기 쉽지만 실은 세세한 요소가 포함되어 있읍니다. 그래서 서장에서는 아마츄어에게 흔히 볼 수 있는 구상의 실패 예를, 제1장에서는 큰 곳과 급한 곳 등 몇 가지 포인트를 구분하여 알기 쉽게 설명하였읍니다. 또 초반의 구상에서 중요한 것은 정석에 대한 생각입니다. 일일이 셀 수 없을 정도의 정석은 하나하나를 호각이라 하지만 각각 경우에 따라서 가치를 달리 합니다. 주변의 조건에 의해 어느 쪽이 유리한지 결정되는 경우가 많습니다. 따라서 반대로 주위의 조건이 정해져 있는 경우 어느 정석을 택할지의 문제는 초반의 구상으로서도 큰 비중을 차지하고 있습니다. 그래서 정석 선택에 대해서는 특별히 한 장을 마련하였습니다.

중반의 싸움은 초반에 비해 더욱 주변의 상황 분석이 어려워집니다. 제3장에서는 아마츄어의 대국에서 구상을 생각하고, 공격과 수비, 두터운 맛과 사는 법, 전국을 리드하는 초점을 설명하였습니다. 제4장은 저의 바둑에서 '武宮流'를 해설하였습니다.

저의 바둑은 '宇宙流'라고 합니다. 변과 귀보다도 중앙의 싸움이 많다는 이야기일 것입니다. 그러나 우주류를 단순히 중앙의 집을 둘러싼다는 것이라고 한정하여 생각하면 잘못입니다.

저의 돌이 중앙을 향하는 것은 안에 집을 만들기 위해서가 아니라 중앙의 돌이 주변과 관련짓기 쉽다——기능이 풍부하다는 이유 때문입니다. 그 결과 중앙에 집이 생겨도 안집을 둘러싸는 것은 본질이 다릅니다. 그런 미묘함을 이 책에서 찾아내길 바랍니다.

구상이란 본래 창조적이며 즐거운 것입니다. 그래서 이 책에서는 독자 여러분이 재미있게 즐길 수 있도록 명쾌하고 알기 쉬운 문제도를 골라 보았습니다. 부디 武宮流에서 자유롭고 풍부한 구상력을 몸에 익히십시오.

차 례 *

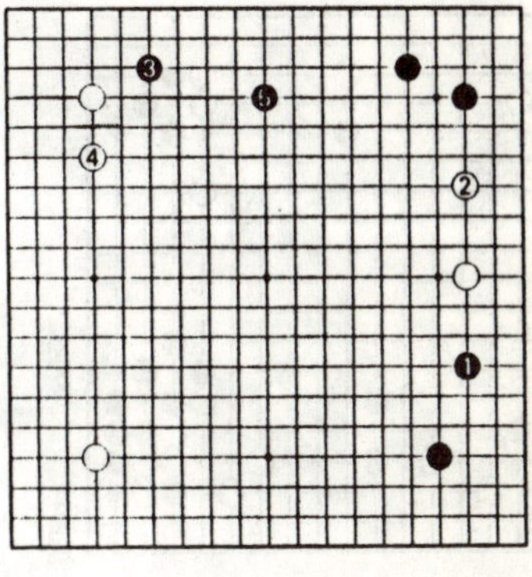

결점1 제2형

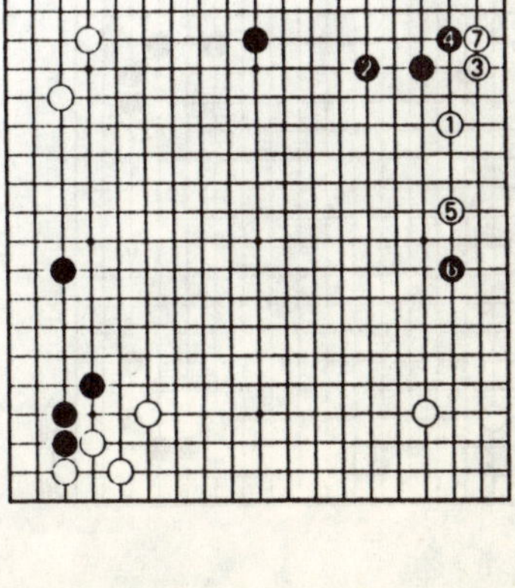

결점2 제1형

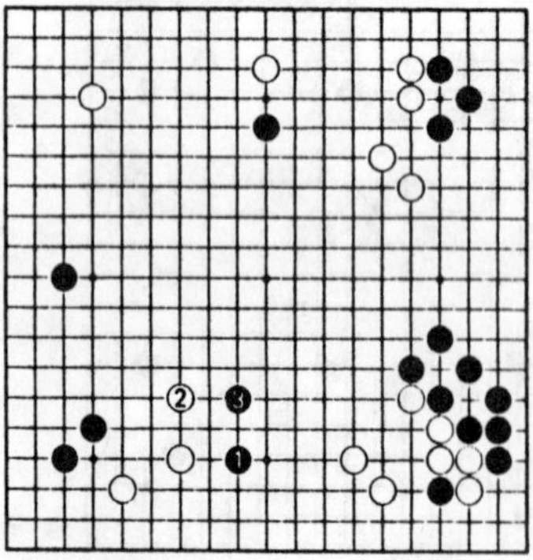
결점2 제3형

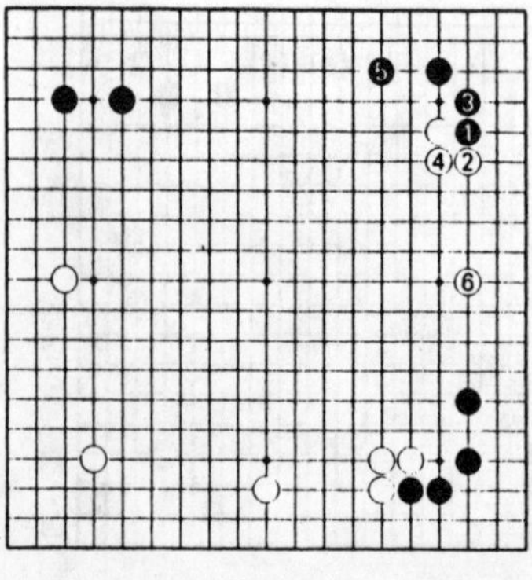
결점3 제1형

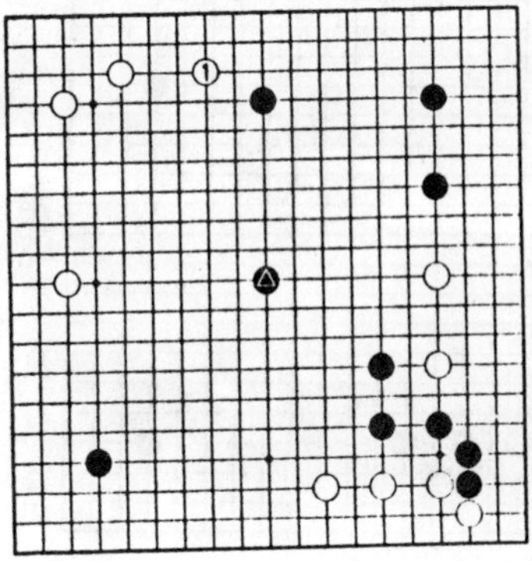

포인트 1 제 3 형 흑선

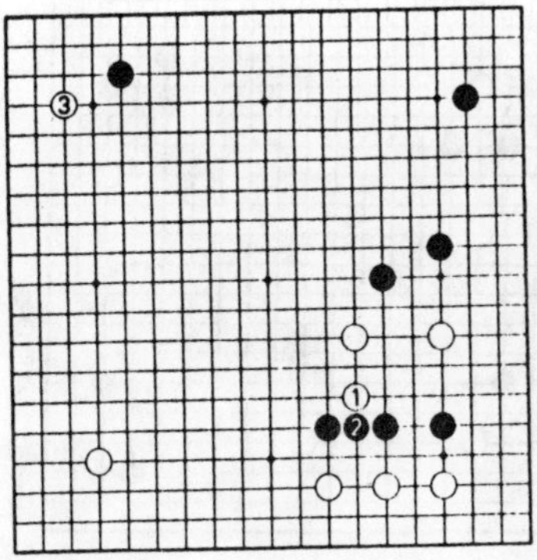

포인트 1 제 4 형 흑선

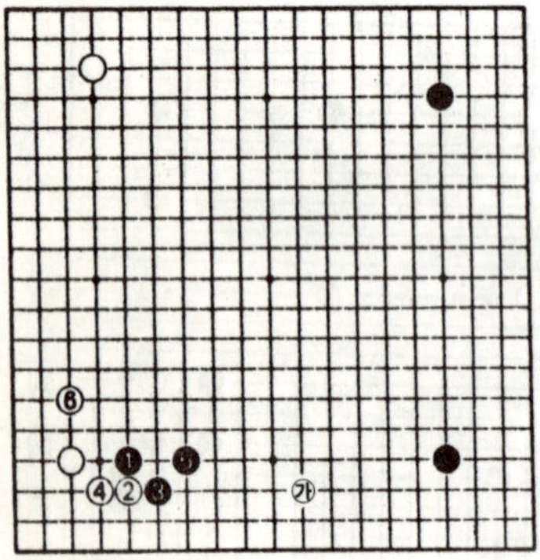

포인트 2 제1형 흑선

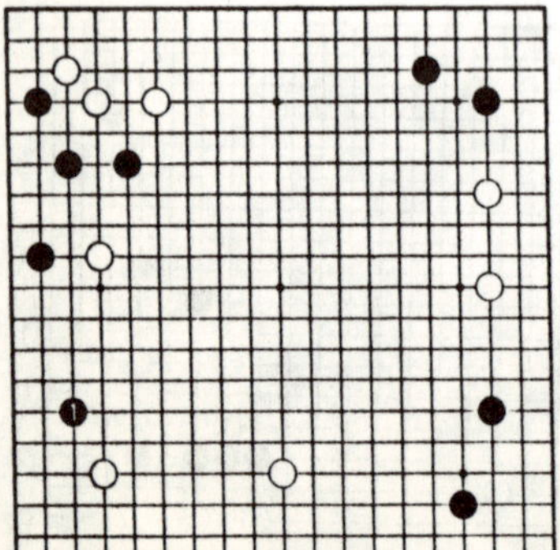

포인트 3 제1형

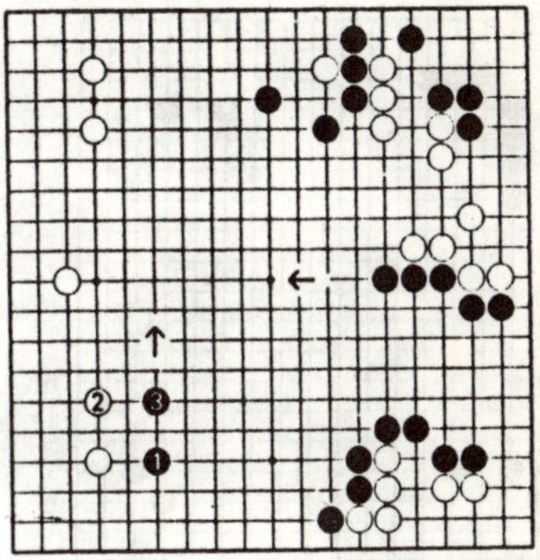

포인트 4 제2형

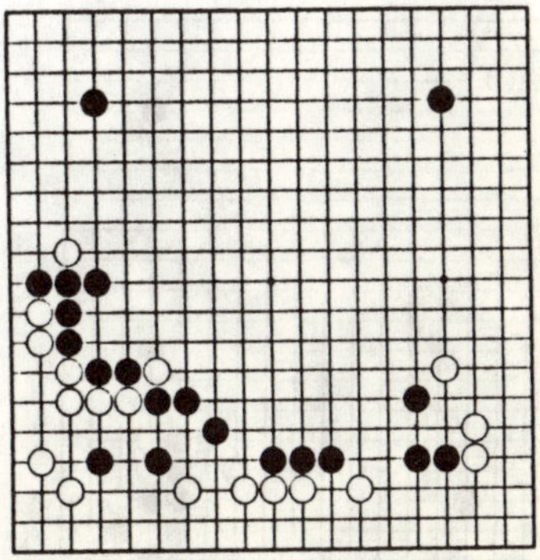

포인트 4 제3형 흑선

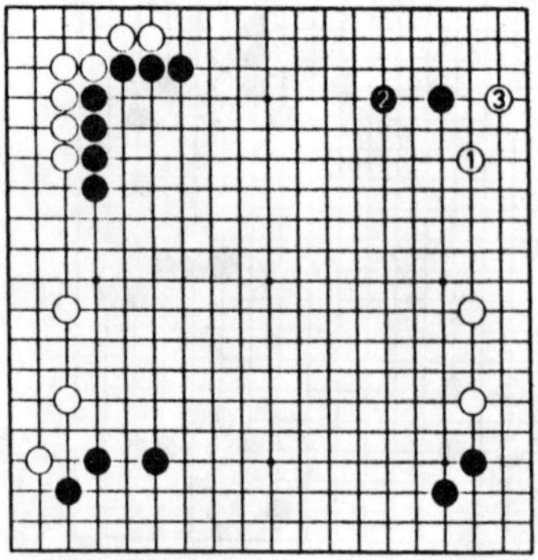

제1형 흑선

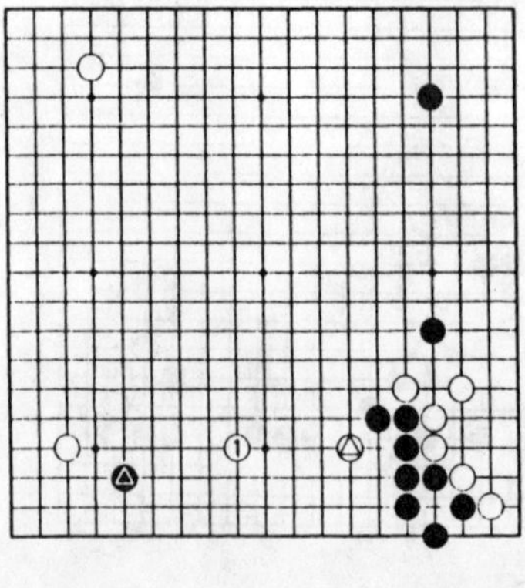

제4형 흑선

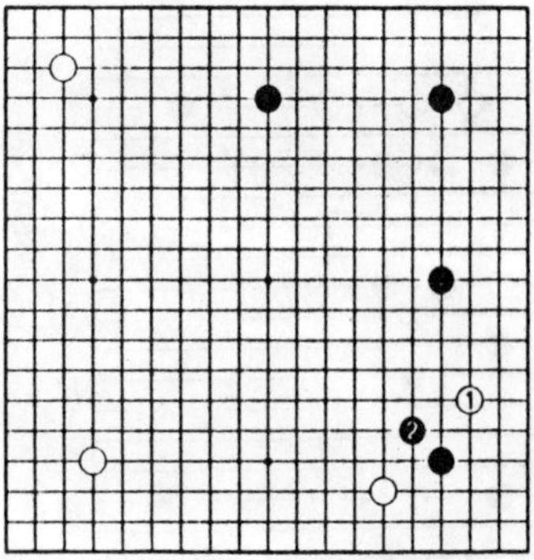

제5형

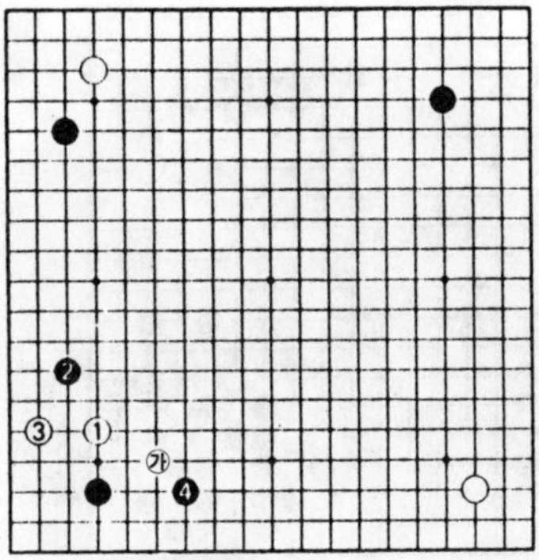

제7형

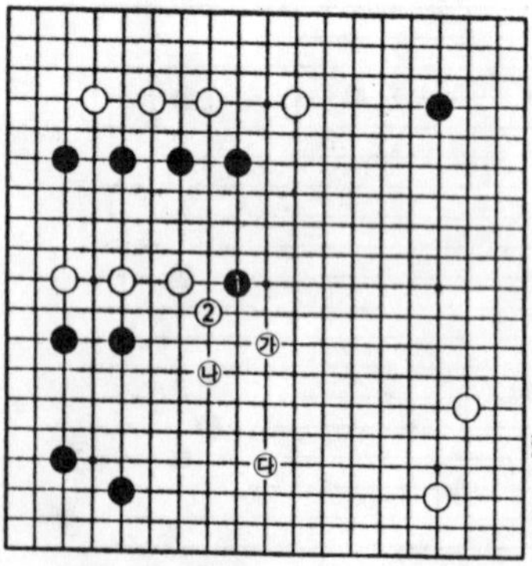

제 1 형 흑선

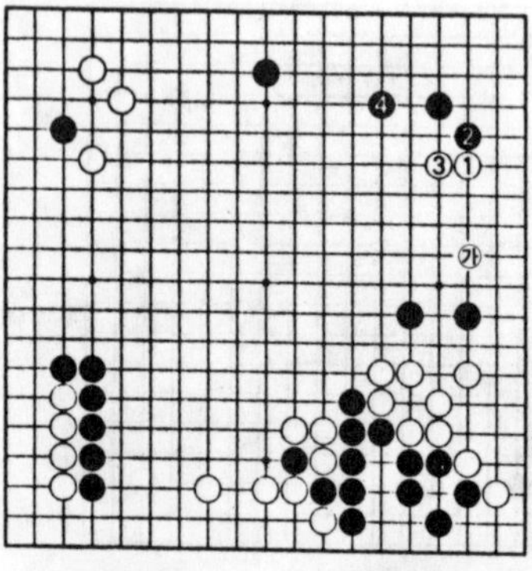

제 3 형 백선

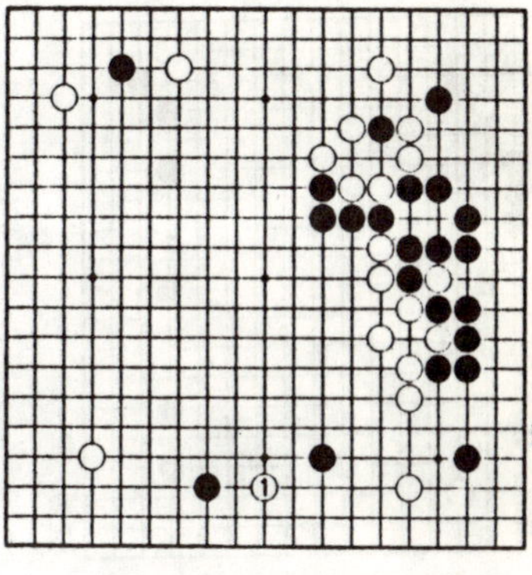

제5형 흑선

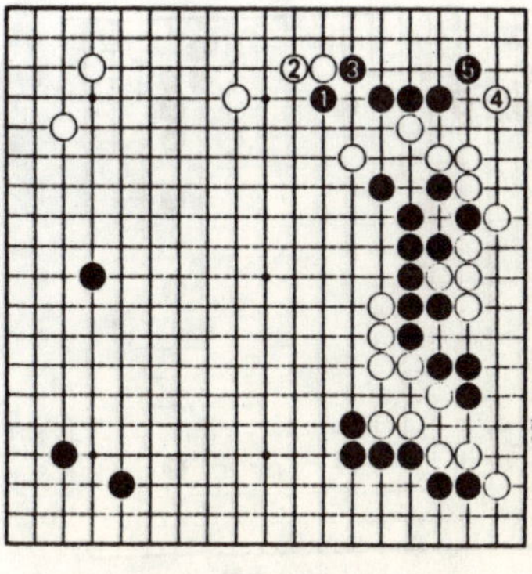

제8형 백선

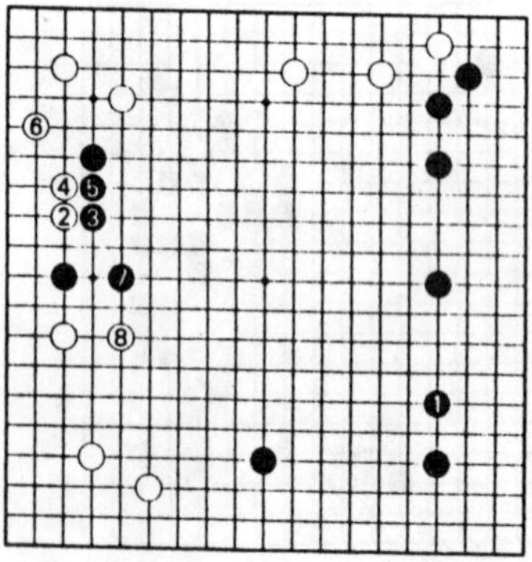
제1형 흑선

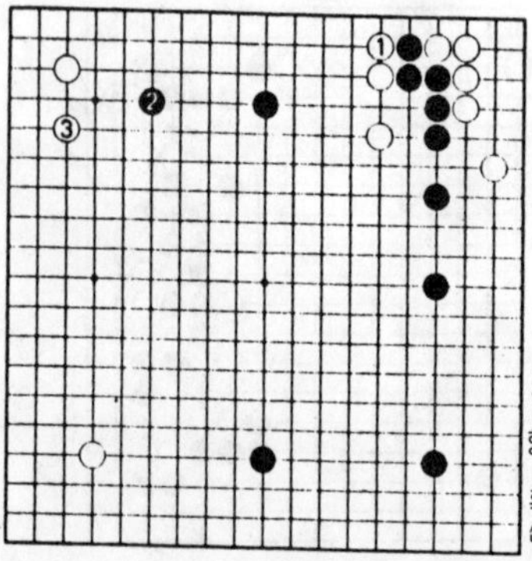
제2형 흑선

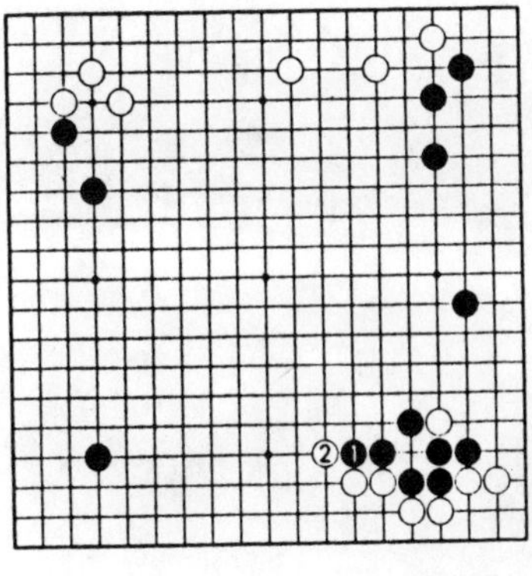

제3형 흑선

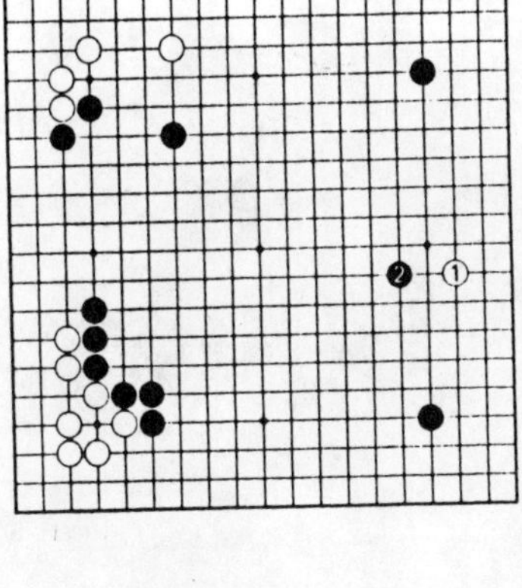

제6형

서장

초보자가 빠지기 쉬운 바둑 구상의 세 가지 결점

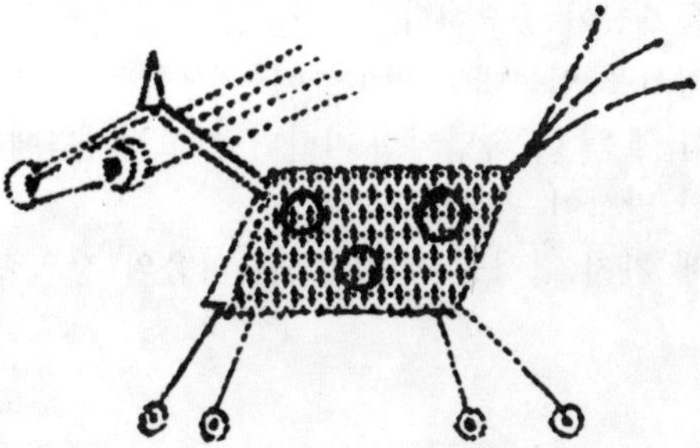

이 장의 포인트

구상력에 대해 이야기함에 있어서 우선 아마츄어에게 흔히 볼 수 있는 대표적인 포석의 결점을 들어 보았다. 그 결점은 크게 다음의 세 가지로 나눌 수 있다.

1, 돌의 방향이 뿔뿔이.

2, 부분에 구애된다.

3, 정석을 그대로 받아들인다.

이 중 돌의 방향성에서는 한 수 한 수의 돌의 흐름의 필요성을 충분히 이해하지 못한 데서 생기는 결점이다. 오른쪽을 두었다, 왼쪽을 두었다, 혹은 모양을 쌓을 생각에 집에 치우치거나 하는 어수선한 착수는 곤란하다. 포석 구상에서는 앞에 둔 돌을 살리는 궁리가 중요하다.

다음, 부분에 구애되는 결점은 강약을 막론하고 아마츄어 전반에 볼 수 있는 경향이다. 전국적인 시야를 잃고, 자칫 작은 부분에 구애된다. 특히 공격을 좋아하는 사람이나 자기의 돌에만 신경을 쓰는 사람에게 그런 경향이 있다. 포석에서는 너그러운 마음가짐이 중요하다.

세째의 정석을 있는대로 받아들이는 경향은 정석 암기형에게 많다. 한 걸음 더 숙달되길 바란다면 고정관념에 얽매이지 않는 유연한 발상이 필요하다.

이상의 세 가지 결점을 깨달았으면 다음의 장으로 간다.

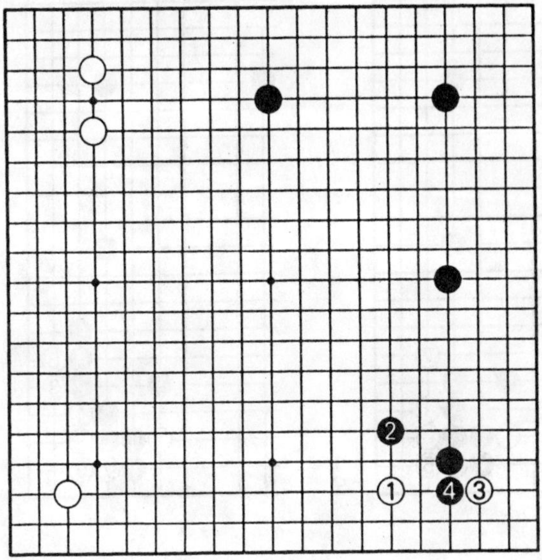

기본도

결점 1 돌의 방향이 뿔뿔이

제 1 형

전국의 구상을 살리는 누름의 방향은

우선은 쉬운 문제부터 시작한다.

백 1 의 걸침에 흑 2 의 날일자. 흑 2 는 귀의 집에 대해서는 둔하지만 중앙으로의 발전에 충분하다.

여기서 백 3 으로 3 · 3 에 들어갈 때, 흑은 4 로 당연히 누른다.

그러나 이 저지는 이상하다. 그 의미를 생각해 보라. 초보적인 문제이지만 돌의 일관성을 재확인하기 위해서는 철저히 배워두길 바란다.

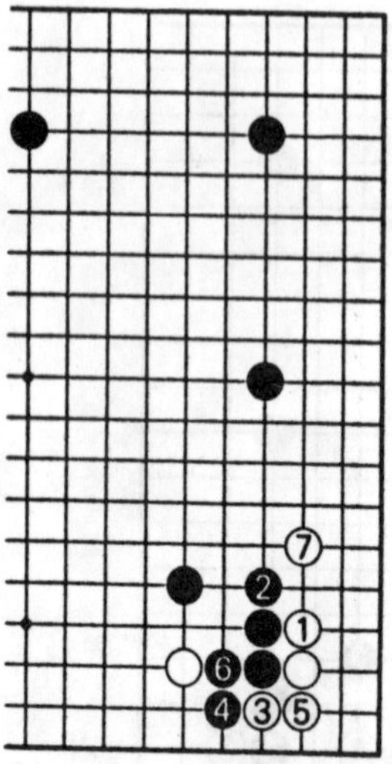

1 도

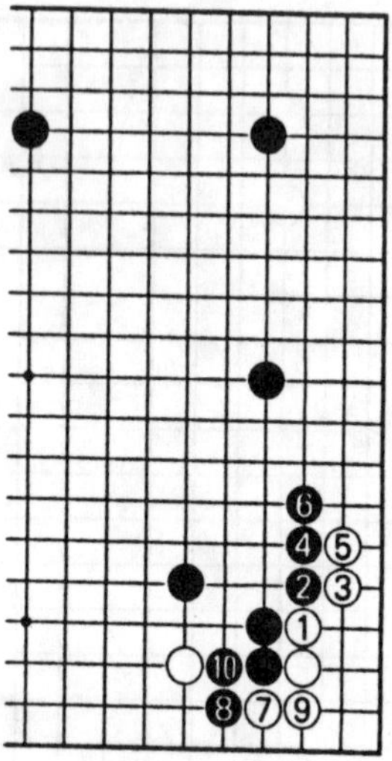

2 도

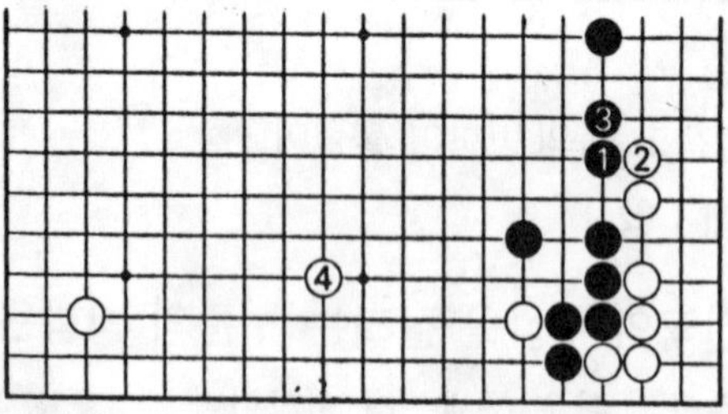

참고도 1

1 도

기본도에 이어 백 1 에서 7 까지의 변화는 정석의 한 형이다. 그러나 이 결과 3 연성을 살려 우변을 대세력권으로 하려는 흑의 기본적인 구상이 깨졌다.

2 도

백 1 에 흑 2 에 젖힘, 이하 10 까지 전도와 대소동이하다.

참고도 1

1 도 후, 흑 1 · 3 으로 두어도 백 4 로 하변을 열게 하면 모처럼의 세력이 없어지고 흑의 둔한 구상이 된다.

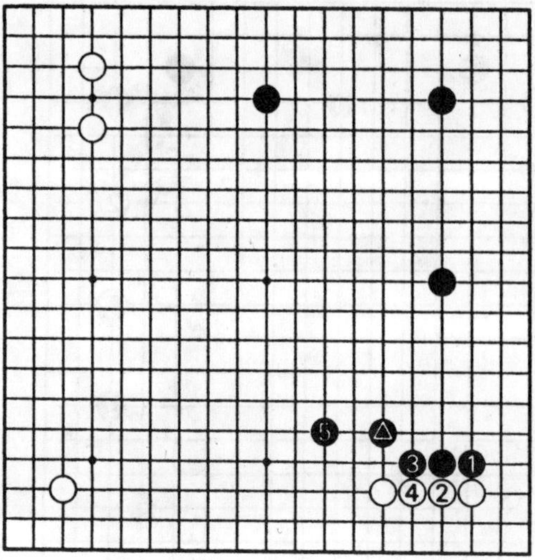

3
도

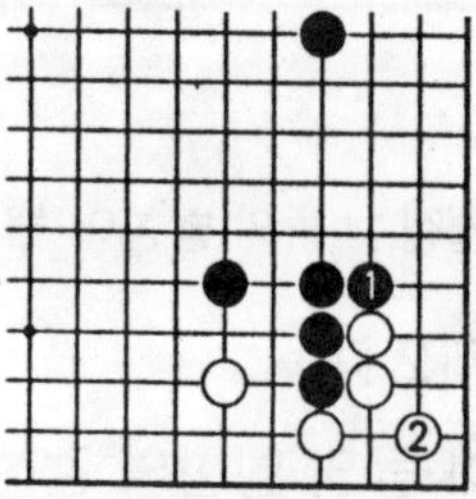

참고도
2

3도

흑 1로 누르는 것이 흑의 바른 방법이다.

백 2에서 흑 5까지 자연스런 흐름. 흑 5에서는 다른 방법도 생각할 수 있지만, 흑 1 이하의 흐름은 우변에 큰 모양을 만들고 3연성의 구도를 살린 대비가 된다. ▲로 모자씌움한 수가 이 우변 확대의 의도 아래 둔 것이므로 누르는 방향은 본도의 흑 1이 옳다.

참고도 2

흑으로서는 1도 흑 4에서 흑 1로 누르고 백 2로 건너게 하는 편이 좋다. 이것이라면 3도에 가까운 결과를 얻을 수 있다.

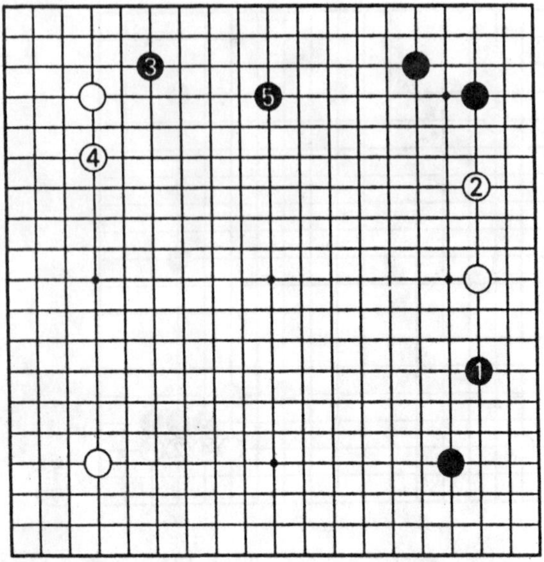

기본도

결점1 돌의 방향이 뿔뿔이

제2형

이 돌의 방향의 결점은 어디에?

실전에 흔히 생기는 포석이다.

흑1로 메움, 백2의 벌림을 교환하고, 상변 흑3 · 5로 전개하였다.

일련, 스무스하게 보이는 돌의 흐름이지만 실은 이것이 큰 실수. 흑은 돌의 방향이 뿔뿔이. 이 대비로는 흑의 이상적인 구상이라고는 할 수 없다.

도대체 흑의 어느 수가 이상할까. 또 그 이유는?

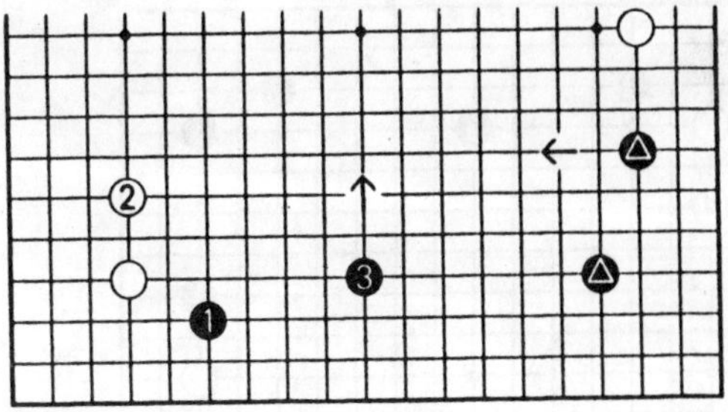

1도

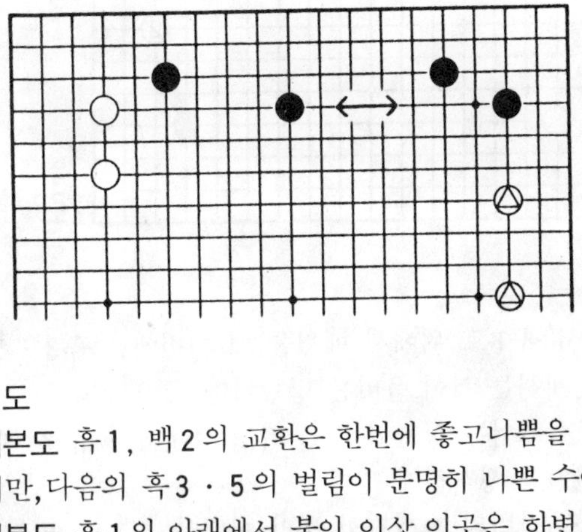

2도

1도

기본도 흑1, 백2의 교환은 한번에 좋고나쁨을 판단할 수 없지만, 다음의 흑3 · 5의 벌림이 분명히 나쁜 수이다.

기본도 흑1의 아래에서 붙인 이상 이곳은 하변 흑1에서 3으로 벌리는 것이 올바른 돌의 방향이라 할 수 있다.

기본도에 비해 하변은 중앙 화살표 방향으로의 풍부한 확장을 경계, ▲의 대비와 아울러 장래 입체적인 구상을 그릴 수 있다.

2도

기본도 상변의 대비로는 흑이 전개하는 방향에 △가 자리잡고 있고, 그 후의 입체적인 전개를 기대할 수 없다. 화살표와 같은 변만으로의 연결은 돌의 기능이 충분치 않다.

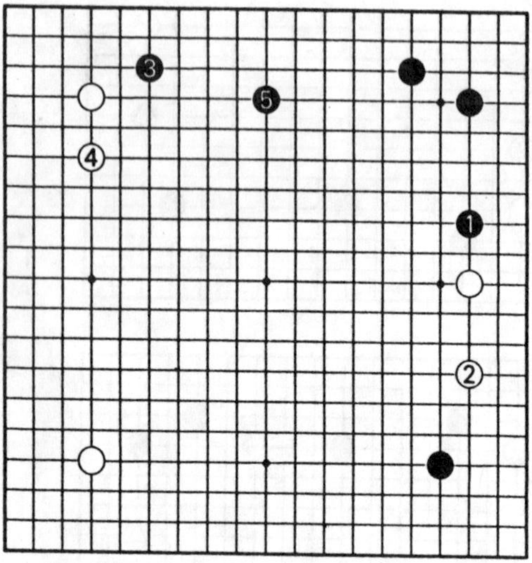

3
도

3 도

기본도에서 흑1로 위에서 메웠을 때 이번에는 흑3 · 5로 상변으로 전개하는 것이 올바른 방향이다.

2도의 포석에서는 상변이 작고 이 포석에서는 유력하다는 것은 무엇인가를 생각하게 한다.

흑3 · 5로 상변의 확정집화 뿐만 아니라, 흑1로 벌린 우변에도 모양의 폭을 넓히는 호점이다.

즉, 흑1 이하 5까지의 포석은 장래 상변을 큰 모양으로 하는 구상을 갖고 있다.

이 포석에 비하면 2도는 상변만을 한정한 수비이므로 스케일이 작은 대비라는 것이 분명하다.

실은 이 문제의 흑은 아마 5단이 두었다. 아마 5단 수준에서도 실전에서는 이와 같이 간단한 구상의 문제를 알 수 있다는 하나의 예로서 들어 보았다.

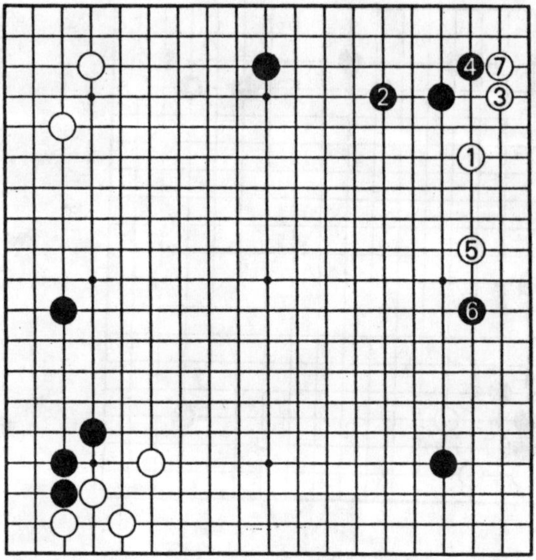

기본도

결점 2 부분에 구애된다

제 1 형

공격에 조급해 전체를 잊는 악수의 전형

백 1로 우상귀에 걸치고 3 · 5로 벌렸을 때 흑은 즉시 6으로 메웠다. 흑이 아마 초단, 백이 2단의 대국에 나온 수이다. 흑으로서는 우변의 백으로의 공격을 노렸겠지만 이것은 시기상조이다. 그렇지만 백도 사이좋게 7로 받았다.

이 모두 소위 '부분에 구애되는' 아마 특유의 나쁜 견본이라 할 수 있다. 특히 공격하는 것을 아주 좋아하는 사람에게 많이 볼 수 있는 경향이다. 그 결점은 대국적 시야가 부족한 것이다. 이하 그 점에 대하여 생각해 보자.

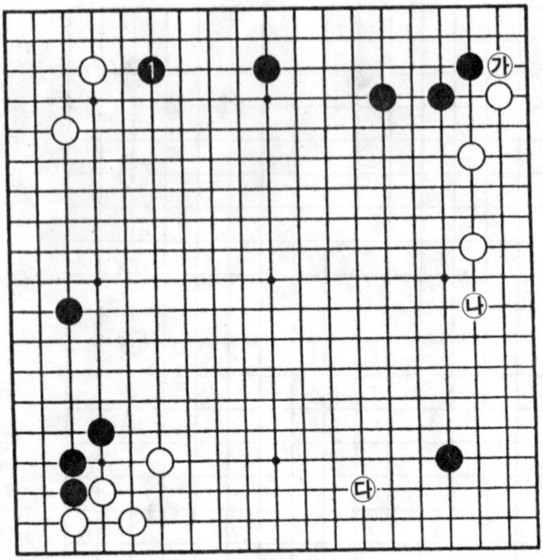

1
도

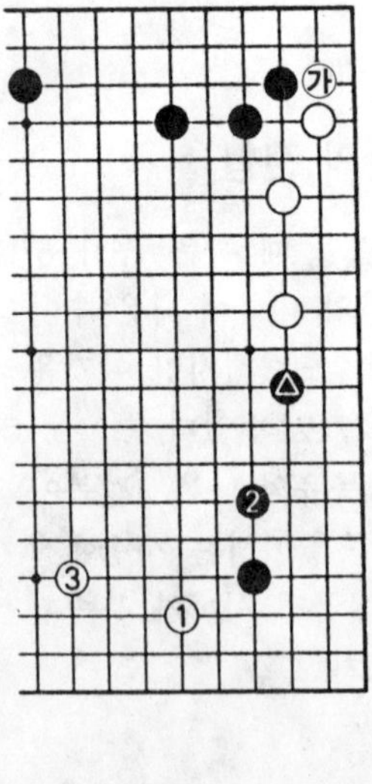

2
도

1 도

우변의 백은 바로 공격이 끝날 돌이 아니다. 흑가의 누름이 있으면 나의 메움도 유력해지는데 이 단계에서는 무리. 공격을 너무 노려 전국을 잊은 수라 할 수 있다.

기본도 흑6에서는 본도 흑1로 상변에 메우고 있는 것이 큰 곳. 하변에서 다가 호점이었다.

2 도

▲에 백가로 받은 것도 완착. 이것으로는 ▲의 얼굴이 드러난다. 이곳은 수를 빼 백1 · 3으로 대비하면 백은 포석에서 리드이다.

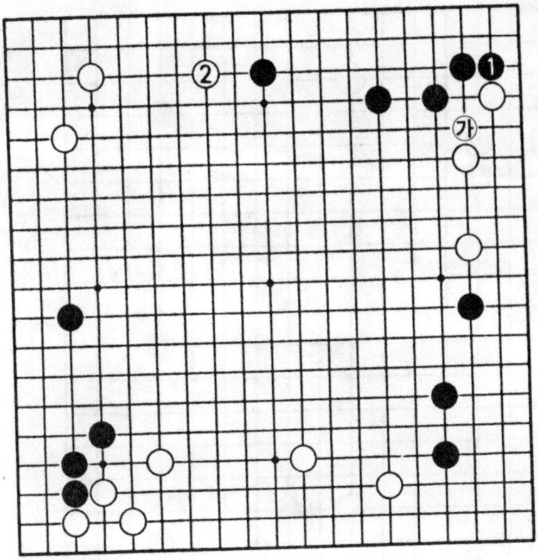

3
도

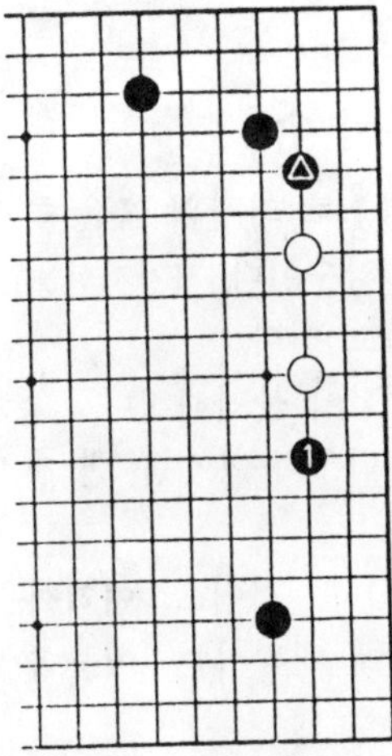

참
고
도

3도

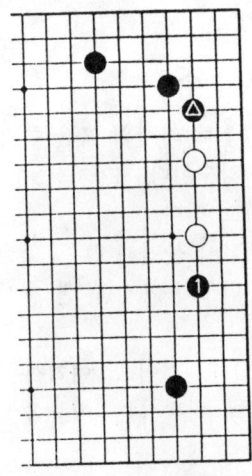

2도에 이어 흑1로 더욱더 끈질기게 우변을 두면 어떻게 할까. 여기서 백가로 받는 것도 부분에 구애된 방법이다. 이 포석의 단계에서는 상변 백2로 큰 곳에 선행하여 백은 흑을 리드한다. 우변은 일방적이므로 걱정할 것은 없다.

참고도

단 이런 형이라면 흑1의 메움은 유력한 한 수가 된다. ▲가 백을 쫓고 백의 두 칸 벌림이 궁색하기 때문이다.

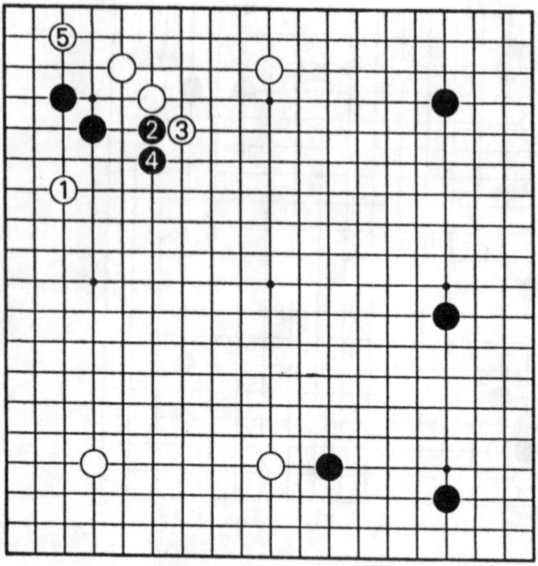

기본도

결점 2 부분에 구애된다

제 2 형

굳은 돌에 너무 다가가는 욕심부린 수

아마 2 단과 3 단의 실전에서이다. 백 1 로 좌상의 흑을 쫓았다. 이것은 흑의 굳은 돌에 다가가는 악수이다. 자기자신을 생각지 않고 강한 흑돌을 공격하려고 하고 있다.

흑 2 · 4 로 세력을 가하여 백 1 의 한 점이 불안해진다. 그러나 백은 아직 깨닫지 못한다. 백 5 는 너무나 욕심을 낸 결과.

여기서 흑에게 반격당하면 백은 곤란하다. 적어도 여기까지의 백돌의 움직임을 보면 장래의 구상에 대해서는 어둠속을 걷고 있는 것과 같다.

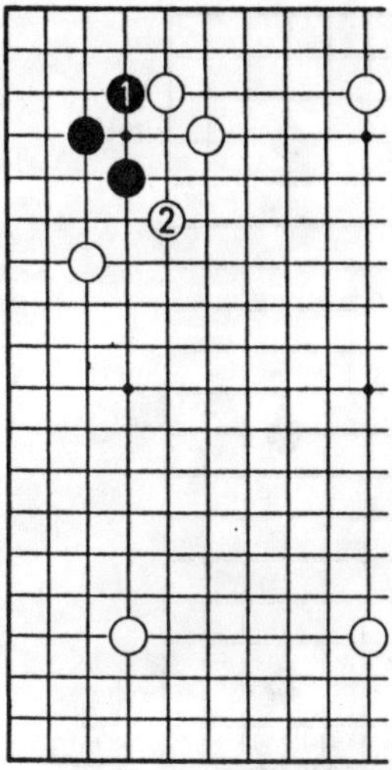

1도

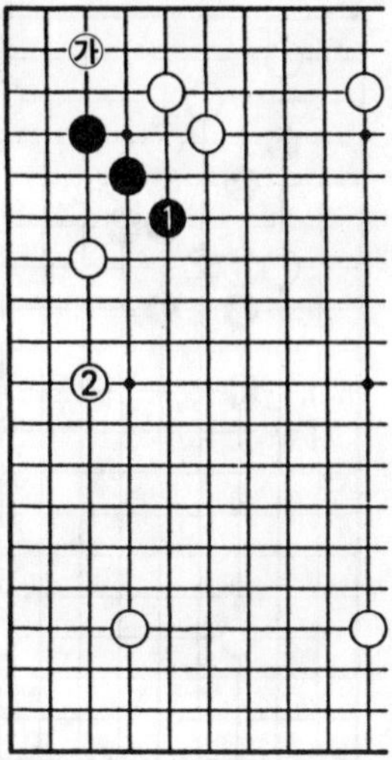

2도

1도

기본도의 백의 생각은 독선이었다.

좌상의 흑을 공격하고 있으므로 흑1로 귀를 지키면 백2로 봉쇄하여 외세를 굳히는 것이 첫째의 표적이다.

확실히 이 결과라면 백이 유리, 백은 힘들이지 않고 상변에서 좌변에 걸쳐 대세력권을 만들 수 있다. 그러나 그렇게 달콤한 이야기는 실현될 수 없다.

2도

일보 양보했다고 하자.

흑1은 백으로부터의 봉쇄를 막는 마늘모 냄이다.

백은 2로 벌려 좌변을 굳히고 다음에 백가의 공격을 노린다.

이것은 그런대로 무난한 결과. 그러나 이것도 뻔뻔스러운 생각이었다. 백은 자기만의 일방적인 공격밖에 생각하지 못

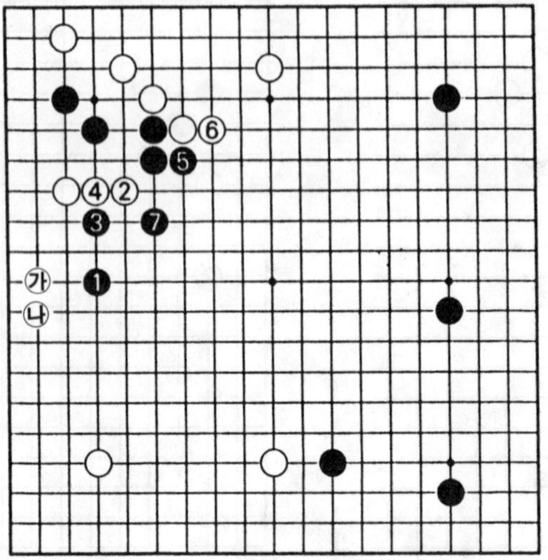

3
도

하고 흑으로부터의 반격을 전혀 무시하였다.

3 도

백이 독단을 강행하여 좌변의 한 점이 위험에 처해 있다. 흑의 찬스이다.

흑 1 의 협공이 엄한 반격.

백 2 의 뛰어나옴에는 흑 3 의 엿보기를 살려 5 의 꺾음이 좋은 수순. 흑의 유리한 상황이므로 좋은 수가 계속 생긴다.

백 6 을 생략하면 흑에게 6 으로 맞대게 하여 괴롭다. 그러나 백 6 으로 받거나 하면 흑 7 에서 좌변은 제동이 걸린다.

이 후 백 가 라면 흑 나. 백은 살 수 없다. 게다가 설령 백이 살았다고 해도 좌변의 흑이 강대한 벽을 갖은 돌로 변한다.

기본도 백 1 의 표적은 완전히 실패였다. 이것도 전체를 보지 않고 강한 돌에 너무 다가간 결과이다.

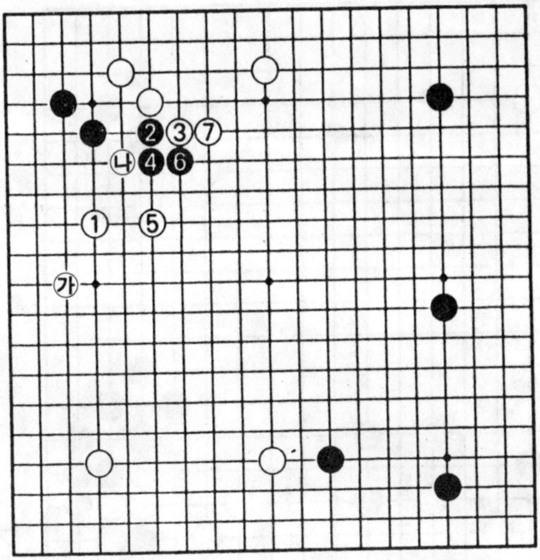

4
도

4 도

어려운 상황이 되고 나서 활로를 찾는다는 것은 무리다. 그런 때에 묘수를 발견해도 승리와는 이어질 수 없다. 전도 후 좌변의 백이 살아도 그 때는 이미 때가 늦다.

그런데 **기본도**의 포석에서 좌변이 절대의 큰 곳인지를 판단하는 것은 어려운 문제. 백의 수단은 우변의 흑의 세력권을 향할 지도 모르기 때문이다.

단, 좌변은 흑 **가** 의 큰 곳이 절호점이 된다는 것이 확실. 그래서 백이 꼭 좌변에 두고 싶다면 그 자연스런 돌의 위치는 어디인지 생각해 보자.

백 1 이라면 여유있다. 다음에 백 **나** 의 봉쇄가 엄한 표적. 흑 2 · 4 로 중앙에 진출하여 백 5 로 뛰어 좌변에 세력을 쌓는다. 백 7 까지 이러한 흐름이라면 장래에 희망을 가질 수 있을 것이다.

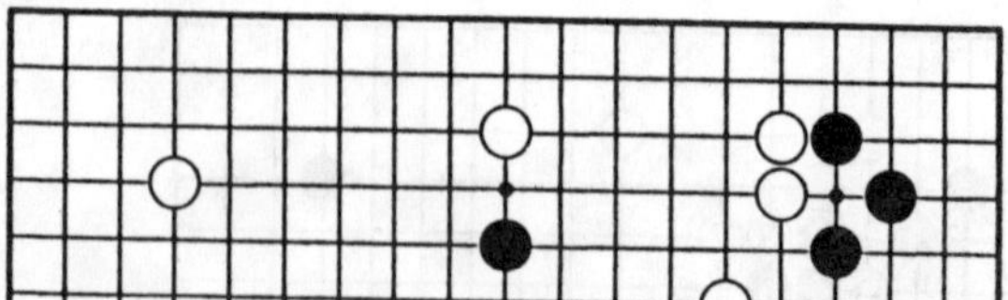

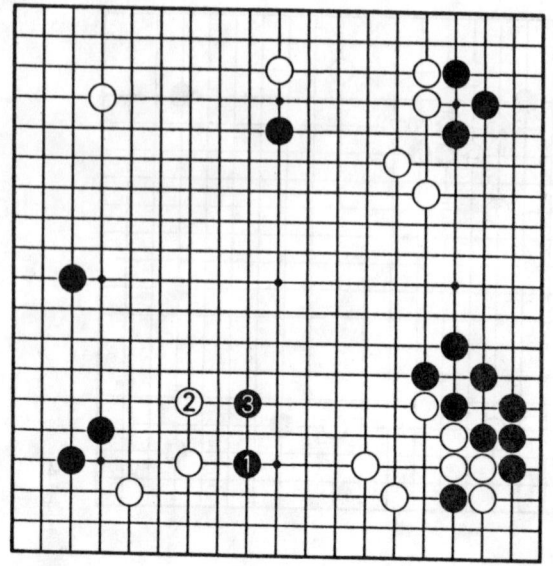

기본도

결점2 부분에 구애된다

제3형

부분에 구애되는 '질투'라는 병

상대의 집이 커보이는 질투의 현상이 있다. 집이 될 것 같으면 바로 망가뜨리려는 투쟁 본능은 좋지만, 이를 위해 아무리 희생을 치러도 좋다는 것은 안된다.

이것도 전체보다도 부분에 구애되는 아마 특유의 증상이다.

하변이 백의 모양으로 되어 있다.

여기서 흑1의 뛰어들기는 어떤가. 백2, 흑3은 아마츄어라면 당연한 발상일지도 모른다. 그러나 이 방법은 장래를 생각지 않는 그곳만의 판단에 따르고 있다.

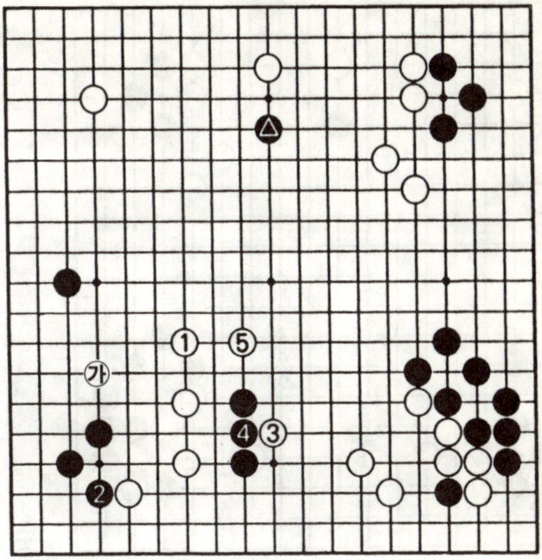

1
도

1도

왜 기본도의 진행에서 흑이 나쁜가. 그것은 백1의 평범한 뛰어나감에서 자연스런 흐름으로 전국적으로 흑이 괴로와지기 때문이다. 백1의 뛰어나감은 '도망은 한 칸 뜀'이지만 다음에 가로 좌변에 뛰어들 속셈이 있다. 좌변의 흑집을 깨면 흑이 하변의 백집을 깬 이상의 효과가 오를 것이다.

그래서 흑2로 마늘모 붙임, 백가에 경계하면서 백의 근거를 뺏는다. 백3·5의 보복으로 하변에 공격을 가한다. 백은 조금도 무리는 하지 않는다. 흑이 집을 망가뜨리고 나서 주변의 세력을 이용하여 공격하고 있을 뿐이다.

이것으로 이 바둑은 끝이다.

그 결과 하변의 흑 세 점이 탈출하여 흑은 중앙에 백의 절대 세력을 만들게 하였다. 그 세력은 상변에 고립되어 있는 ▲ 한 점을 흡수하고 상변에 큰 백집을 만들었다.

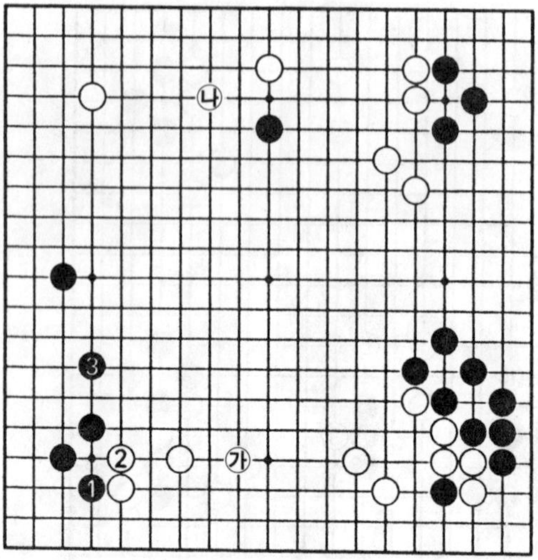

2도

집을 망가뜨리지 않으면 지라는 상황이 있다. 그러나 **기본도**의 예에서는 그다지 정세가 촉박하지 않다.

하변의 백집이 완성되면 크지만 흑에게도 충분히 대항할 수 있는 집이 있다.

흑1로 마늘모 붙임, 3으로 좌변의 집을 굳히면 이제부터의 바둑일 것이다. 좌변이 굳으면 다음에 흑**가**로 뛰어드는 수가 집을 망치고, 좌하의 백으로의 공격을 포함하여 유력해진다. **1도**는 좌변의 수비가 없으므로 싸움 한가운데에 한 수의 차가 생겼다.

흑3 후, 하변을 백**가**로 지키게 해도 흑은 상변 **나**의 제거로 집의 균형은 이루어진다. 혹 백이 상변을 **나**로 지키면 흑**가**의 뛰어들기이다.

'질투병'도 역시 전국을 잊은 근시 사고의 나쁜 예이다.

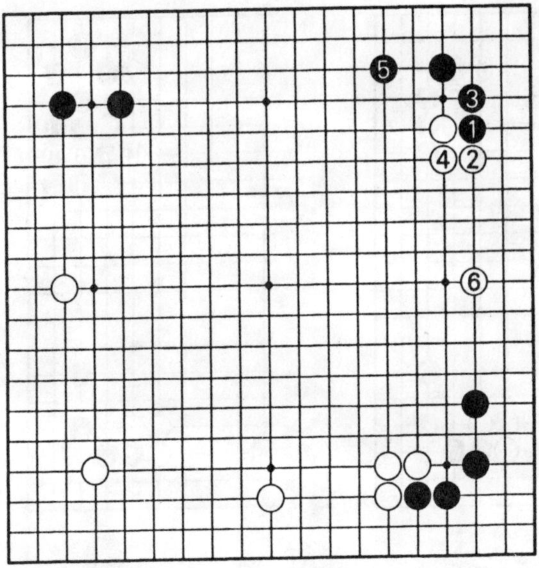

기본도

결점 3 정석을 그대로 받아들인다

제 1 형

무엇이든 정석을 두면 좋다는 것은 아니다

결점의 세번째로 들 수 있는 것이 정석을 금과옥조와 같이 생각하여 무엇이든 같은 형을 이용한다는 타입이다. 이러한 경향은 극히 일부의 초심자나 정석 암기형의 타입에게 많이 볼 수 있다.

여기에 든 그림은 그 단적인 예이다. 백 6 까지 부분적으로는 정석이지만 이 국면은 쌍방 모두 기본적인 선택 실수를 범하고 있다. 물론 이 책의 독자라면 그 이유는 알 터. 그러나 이런 쉬운 예제만이라면 좋겠지만 실전에서는 그렇지도 않다.

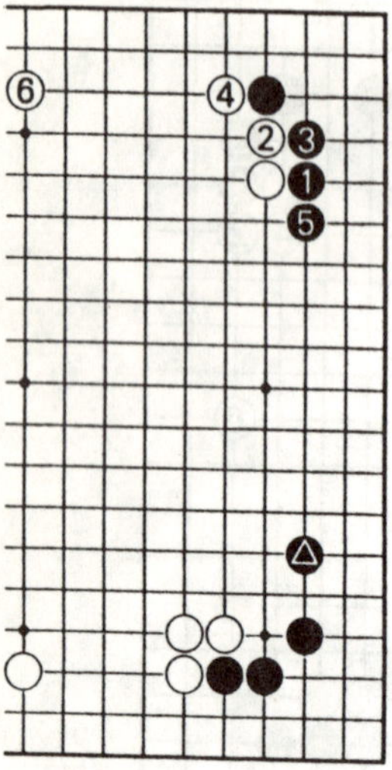
1
도

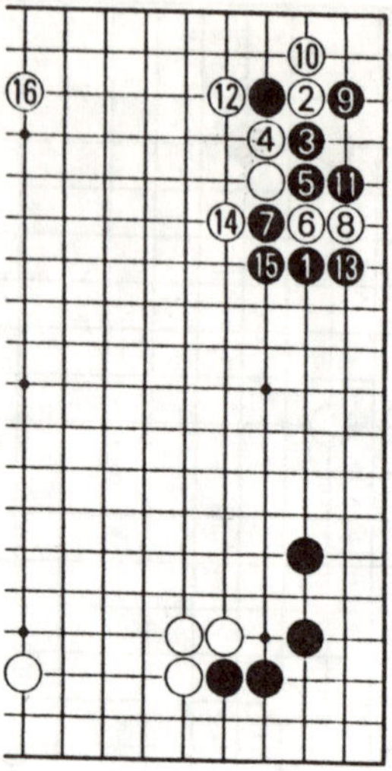
2
도

1도

기본도의 결과는 백 좋지 않다.

▲의 단단한 칼끝이 나와 있고 우변은 공배이기 때문이다. 그곳을 차지해도 백에게 이익은 없다.

따라서 흑1의 아래붙임에는 백2에서 끼우는 것이 단수를 얻은 정석 선택이 된다. 흑5에 백6으로 상변을 벌려 이 결과는 상변에 전개한 백이 우세.

2도

기본도 흑1에서 본도 흑1로 협공하는 것도 감탄할 수 없다.

백2 이하 주지의 정석을 선택해도 흑은 불충분하다. 백은 가능성이 있는 상변에 전개, 흑은 우변에 강한 돌이 중복되어 있다.

기본도에서는 백의 정석 선택은 틀렸다고 할 수 있다.

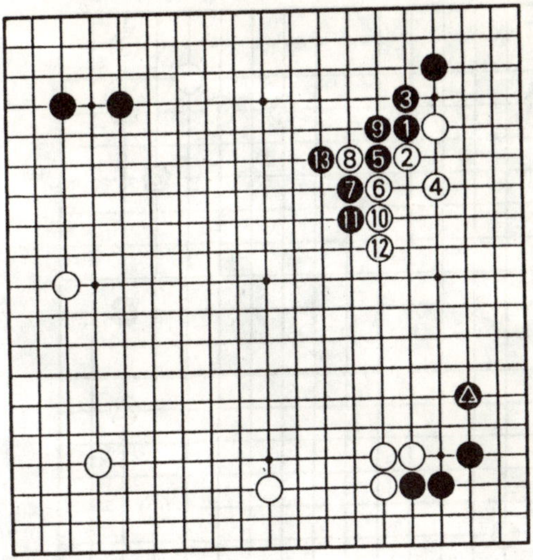

3
도

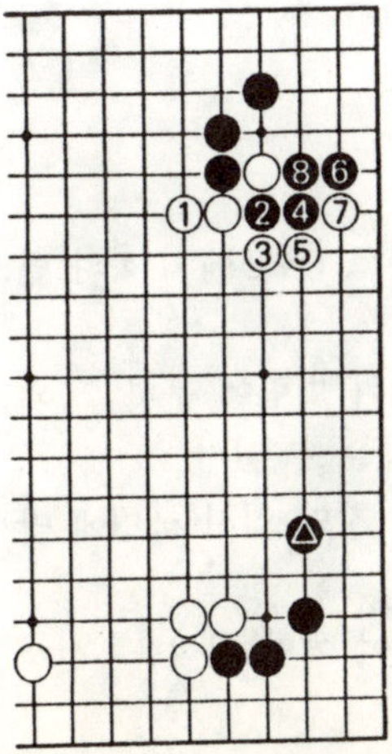

참
고
도

3 도

흑 1 · 3 으로 위로 걸치는 것이 이 국면에 적합한 정석 선택이 될 것이다.

백 4 의 걸쳐이음이라면 흑5에서 결정해도 된다. 흑 13 까지가 되면 상변의 흑은 크게 불릴 수 있다. 그에 반해 우변의 백은 ▲가 있고 모양의 발전이 제한되어 있다.

참고도

3 도 백 4 에서 본도 1 로 뻗어도 흑 2 이하의 끊음이 되어 백은 안이한 분리이다.

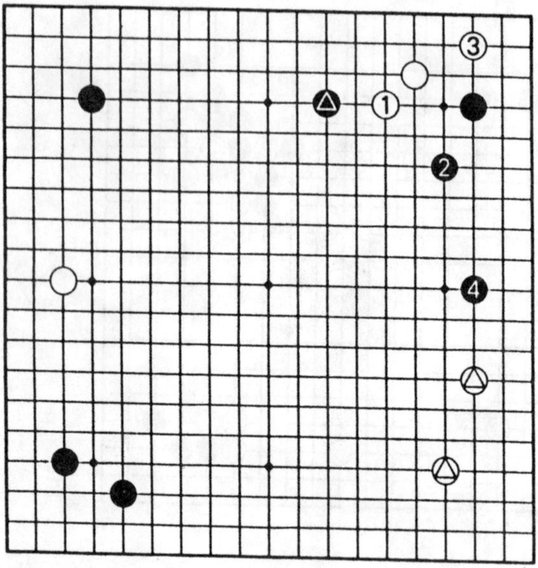

기본도

결점 3 정석을 그대로 받아들인다

제 2 형

우변의 벌림은 큰가 작은가

▲의 두 칸 높은 협공에 백 1 로 마늘모. 흑 2 에서 4 의 벌림까지가 일반적인 정석이다.

그러나 어딘가 어울리지 않는다. 흑 4 의 벌림이 우하 △의 칼끝에 부딪혀 어쩐지 약한 느낌을 부정할 수 없다.

흑 4 까지 부분적으로는 훌륭한 정석이지만 역시 국면에 맞는 선택은 아니다.

이 국면이라면 우변의 배치를 생각하여 어떤 정석을 선택해야 할까.

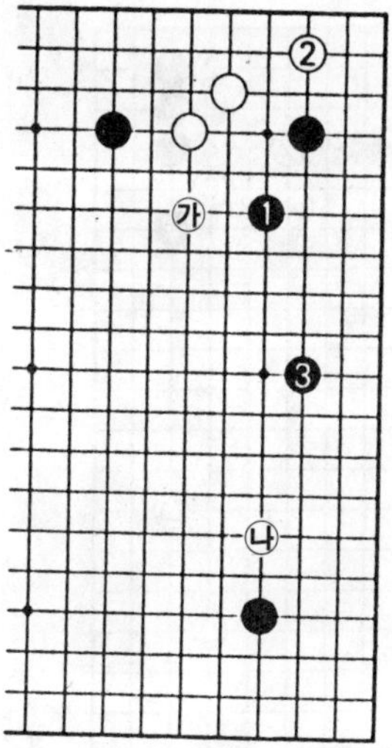

1
도

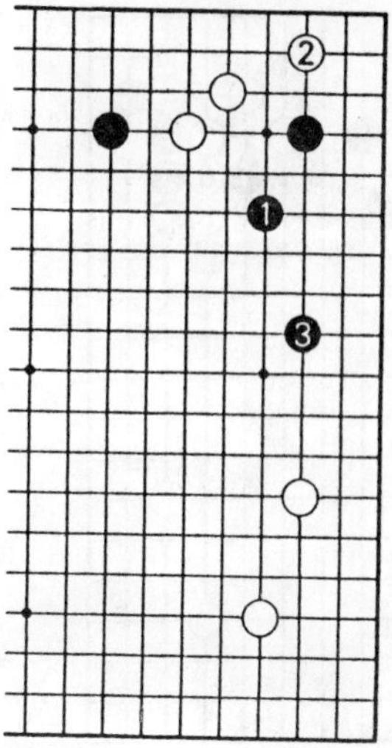

2
도

1도

우하귀를 흑이 점유하고 있는 포석이라면 **기본도**의 정석 선택은 좋아진다. 흑1·3으로 벌려 우변에 그 후의 확장을 기대할 수 있다. 이 후 흑**가** 나 **나** 로 오면 흑3까지의 벌림은 플러스 알파의 가치를 낳는다.

2도

기본도 흑1 후, 3으로 한길 좁혀 벌리는 것은 어떤가. 부분적으로는 **참고도**와 같이 1의 뛰어들기나 **가** 의 여지가 없어 좋다. 그렇지만 이것도 지금 한 번이다.

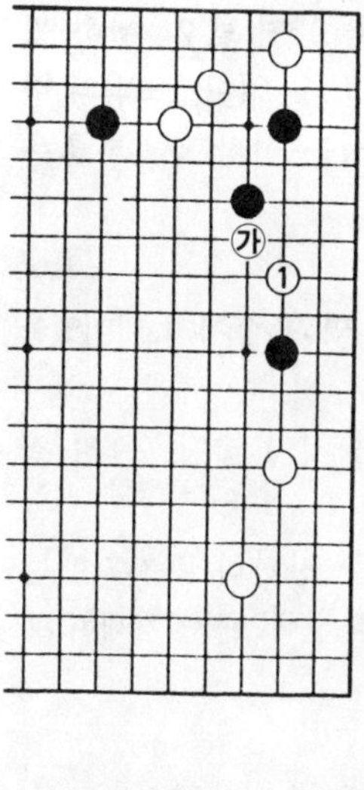

참고도

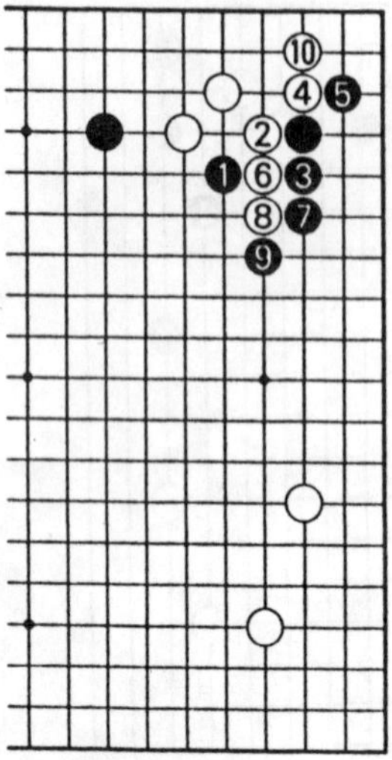

3 도

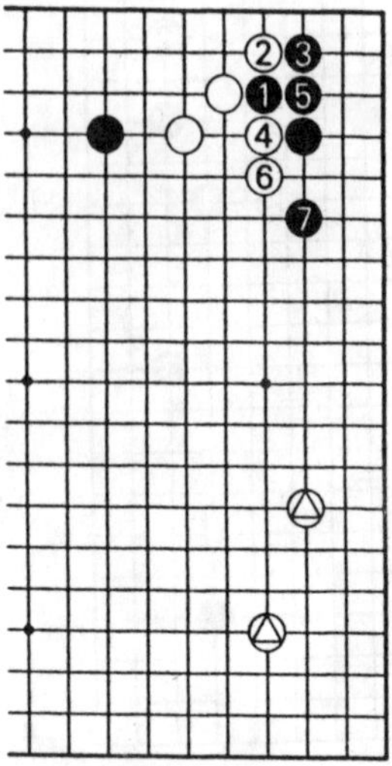

4 도

3 도

흑 1 로 힘줄 곳도 아니다.

이 변화는 여러 갈래에 걸치는 데, 예를 들면 백 2 이하 쌍방 온당한 분리를 취했다 해도 흑은 해낼 수 없다. 그 밖의 변화를 취했다 해도 우하에 백의 칼끝이 있는 이상 흑에게 좋은 결과는 기대하기 힘들 것이다.

4 도

이 배치였다면 흑 1 로 마늘모 붙이는 변화 정석이 재미있을 듯하다.

흑 7 까지 우상귀에 질서있게 수습하는 것이 좋다. △의 칼끝을 흑 7 까지로 멀리 제거하고 있다.

이상 정석을 국면에서 살리는 중요함을 간단하게 지적했는데 이 점은 다시 제 2 장 '구상력과 정석 선택' 에서 자세하게 다루기로 한다.

제 1 장

초반의 구상 네 가지 포인트

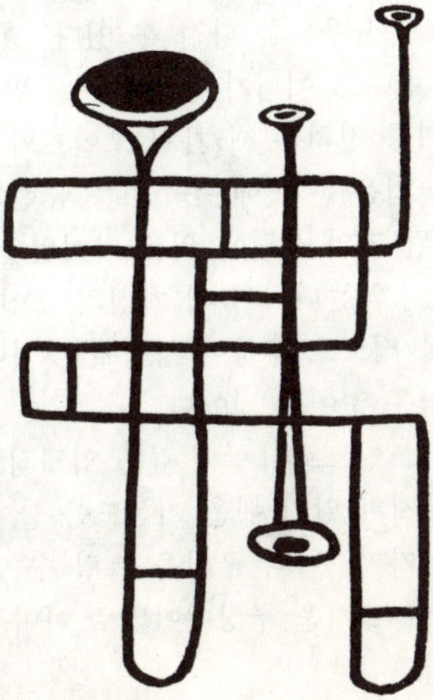

이 장의 포인트

초반의 바둑의 골격을 만드는 포석에서 중반의 싸움까지의 단계이다. 전국의 방향이 결정되므로 구상에 따라 바둑의 양상이 달라진다.

아마츄어의 대부분은 서장에서도 본 바와 같이 포석의 큰 곳은 적당하게 두고 나중에 생각해도 된다고 간단하게 생각하고 있다. 초심자라면 그런 안이한 생각도 통용될 지 모른다. 포석의 실패는 '운'이 나쁘다, 없다로 끝나니까. 그러나 입단에서 다시 그 이상을 향하는 크라스가 되면 큰곳의 크기, 큰 곳보다도 중요한 급한 곳을 생각하면서 포석을 진행해야 한다.

초반의 구상에서 중요한 것은 상대보다도 보다 큰 착점을 구하는 것이다. 보다 큰 집을 빼앗고, 보다 기능있는 돌의 움직임이라면 중반전에서 우위를 다질 수 있다. 이것을 위해 첫째로 어디가 큰가, 반대로 어디가 공배인가를 판단하지 않으면 안된다. 이 크기를 정하는 세 가지 포인트가 있다.

1, 근거에 관한 점은 큰 곳에 우선하는 급한 곳이다. 2, 변의 큰 곳은 관련된 귀의 세력에 의해 가치의 차이가 생긴다. 3, 공배에 두지 않는다. 이 세 가지의 포인트를 새겨둔다면 초반은 몰라볼 정도로 수준이 향상될 것이다. 적어도 서장에서와 같은 결점은 없어질 것이다.

그리고 마지막의 포인트로서 골이 깊은 입체적인 구상을 그릴 수 있도록 몇 가지의 알기 쉬운 기본도를 들어 보았다.

이상을 이해하고 자기나름의 구상을 그릴 수 있게 되면 끝난 것이다. 자유롭고 즐거운 구상이야말로 아마츄어 여러분에게 어울릴 것이다.

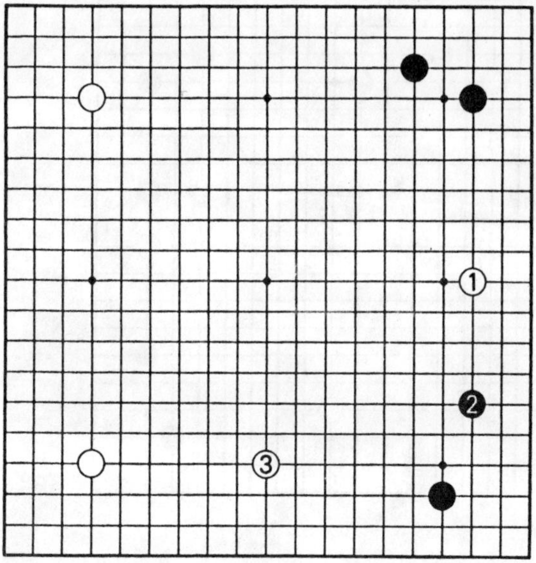

기본도

포인트1 급한 곳

제1형

이 한 수의 급한 곳은 어디?

아마 3단끼리의 대국. 네 귀의 포석에서 변으로 옮겼다.

백1은 가르기. 흑2의 굳힘 후, 백3으로 하변의 큰 곳에 두었다. 포석의 시작 단계로 싸움은 아직도 멀었다고 생각하는 것 같다.

백3은 큰 곳이지만 급한 곳은 아니었다. 백의 완착을 나무라는 흑의 급한 곳은 어디일까.

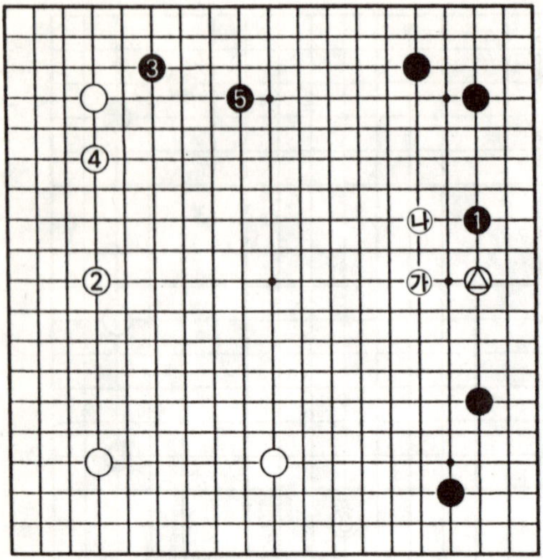

1도

흑1의 벌려메움이 다음의 한 수. 백의 근거를 빼앗는 급한 곳이다. 우변의 △ 한 점은 이대로 먹힐 수는 없다. 그러나 백 가로 달아나면 흑나로 쫓아올 뜬 돌이다.

뜬 돌은 항상 상대의 공격의 목표가 되고 있다. 공격을 받는 것은 상대의 집을 굳히고 자신은 공배를 달리는 것이므로 보기 이상으로 불리한 상황을 만든다.

백2로 좌변의 큰 곳에 두면 흑3 · 5로 상변을 굳히고, 우변의 △ 한 점이 약하기 때문에 상변의 흑 모양에 백이 뛰어들 수 없다.

즉 흑1의 벌려메움으로 백의 전국적인 작전은 한정되며 괴로와진다.

이것은 △ 한 수가 백의 포석 구상과 무관하게 두어졌기 때문이다. 단 막연히 큰 곳을 차지해서는 안된다는 견본이었다.

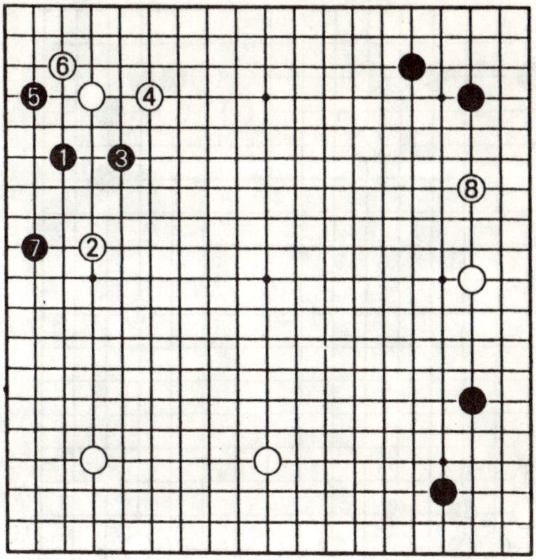

2
도

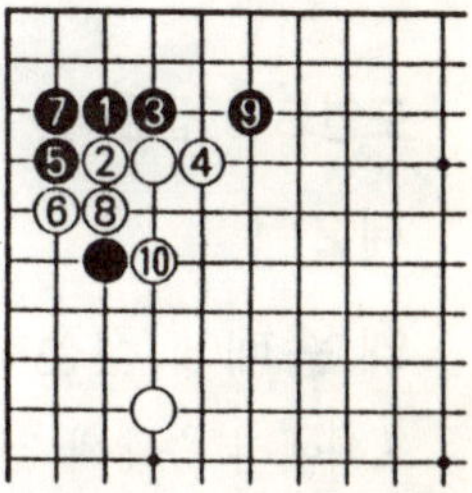

참고도

2도

아마츄어의 고단자라도 **기본도** 후, 흑1로 좌상에 걸치는 수를 태연히 두는 것을 자주 본다. 그러나 이것도 급한 곳을 놓친, 핀트가 어긋난 수이다.

이어서 백2로 협공, 흑3에서 7까지의 정석. 이 정석에서는 흑 후수. 백8로 우변의 큰 곳으로 둘 수 있고 백 성공이다.

이 경우라면 흑은 **참고도**의 정석을 선택하면 우변에 선착할 수 있다. 정석 선택의 중요한 곳이다.

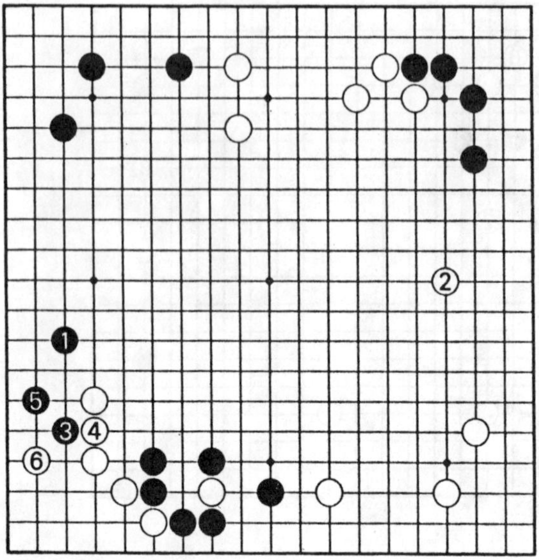

기본도

포인트1 급한 곳

제2형

왜 승패에 전전하는가

포석에서 승패에 전전하는 일은 아마츄어에게 흔히 볼 수 있다. 프로가 관전하기에 아슬아슬함의 연속이지만 포인트를 놓치고 있으므로 하는 수 없다.

흑1에서 백4까지 흑은 절대 우세이다. 이것은 좌하 백의 근거를 노린 흑1의 수에 백이 급한 곳의 근거를 무시하고 우변의 큰 곳에 달리고 있기 때문이다.

그러나 흑은 모처럼의 찬스를 흑5의 마늘모로 놓쳤다. 백6으로 지키게 하여 백을 안심시켰다.

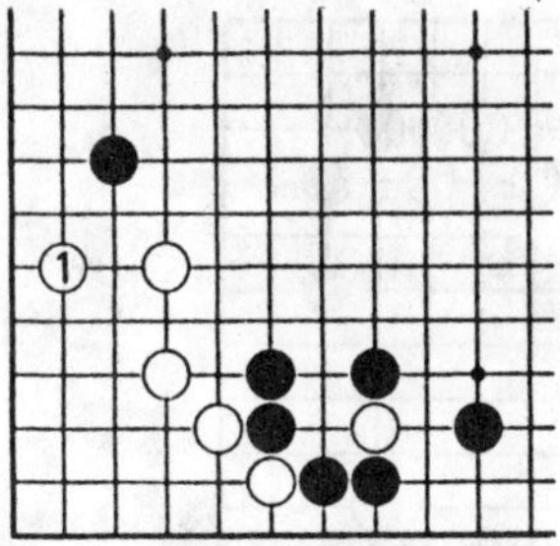

1
도

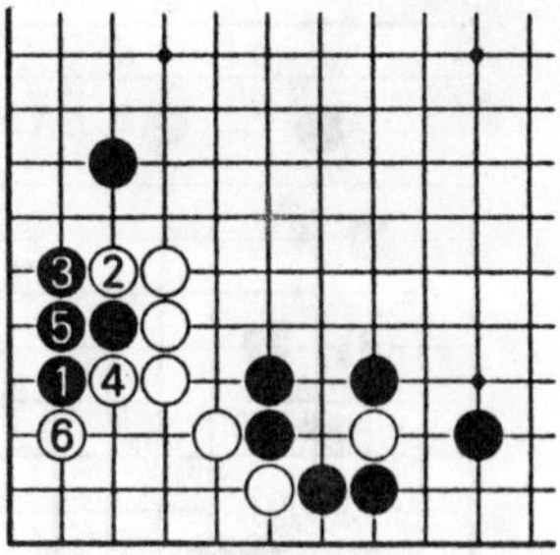

2
도

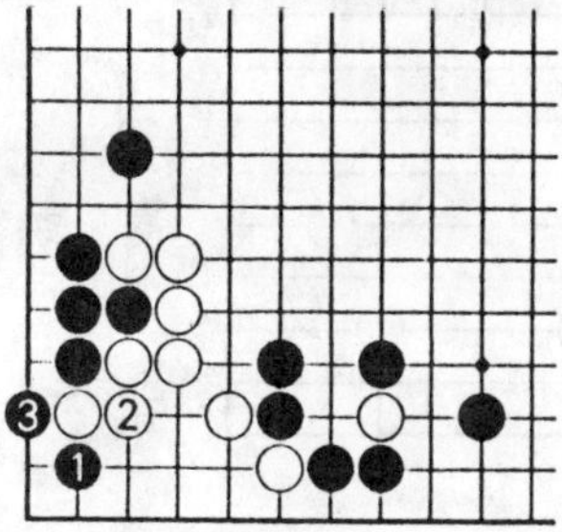

3
도

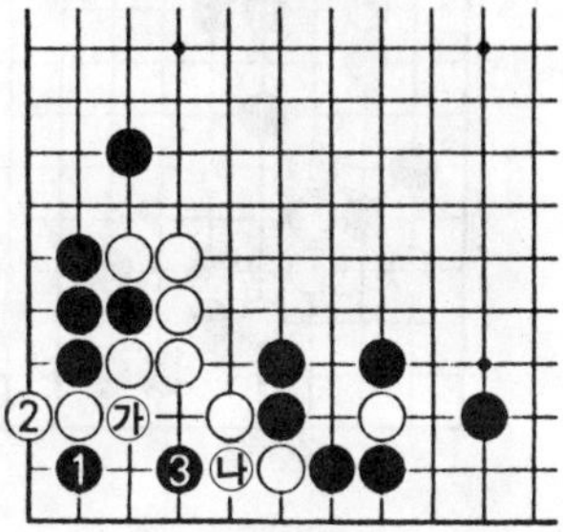

4
도

1도

백1로 좌하의 근거를 확실히 하는 것이 급한 곳이었다. 이것으로 백은 귀에 15집의 집을 만들고 좌변의 흑으로의 반격을 노린다.

2도

한편, 기본도 흑5에서는 본도 흑1의 마늘모가 백의 근거를 도려내는 급소이다. 백2에서 6으로 지킨 후——

3도

흑1의 협공으로 백은 곤란하다. 백2라면 흑3으로 건너 백은 눈이 없다. 금방 뜬 돌이 된다.

4도

또 흑1의 붙임에 백2로 저항하는 것은 흑3의 엿보기로 백이 곤란하다. 다음에 가, 나가 대응한다.

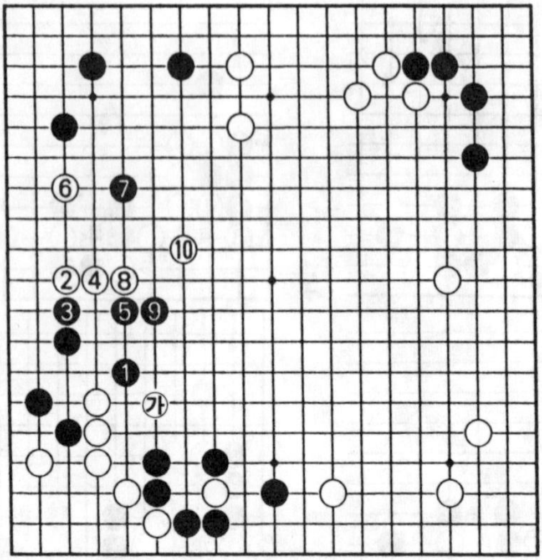

5도

5 도

기본도 후도 흑은 방향이 잘못된 구상으로 백을 공격한다. 흑1 로 좌하의 백을 봉쇄하여 중앙에 세력을 만들었다. 그러나 백 2 로 뛰어들어 백 10 까지 좌변을 망가뜨려 흑은 완전히 공배를 달리게 되며 게다가 백 가 의 공격이 남아 흑이 큰 손실이다.

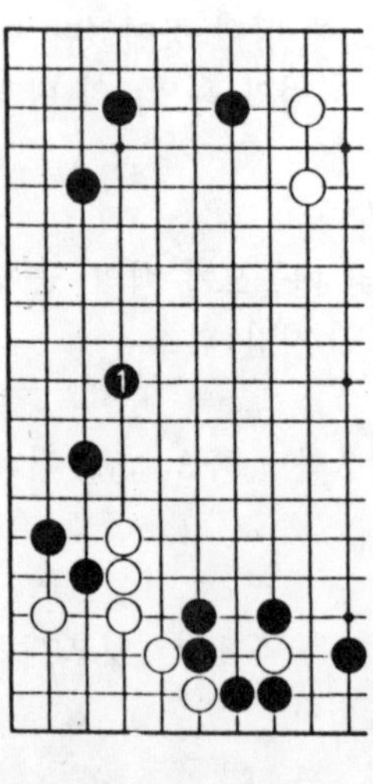

참고도

참고도

5 도에서 흑은 살아있는 좌하의 백을 봉쇄한다는 중대한 실수를 범하였다. 흑 1 로 좌변을 둘러싸면 이제부터의 바둑이었을 것이다.

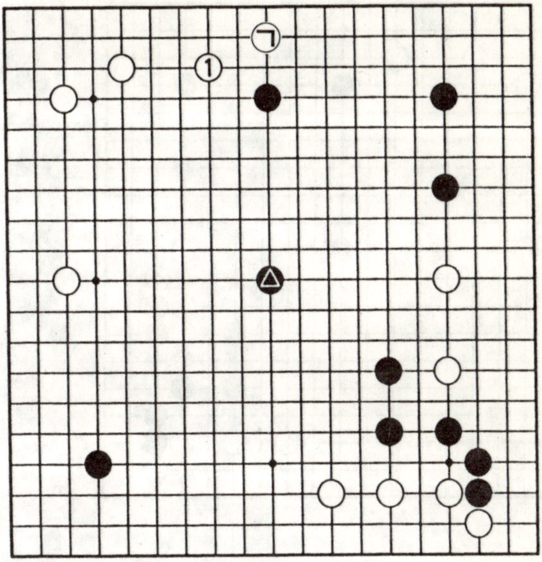

기본도

포인트1 급한 곳

제3형

봉쇄냐, 꿰뚫을 것이냐

좌상에서 백 1로 벌렸다. 백이 신경쓰는 것은 우상의 흑모양이다. 백 1로 두면 백ㄱ의 미끄러짐이 있고 상변에는 큰 흑집이 생기지 못한다. 그렇게 생각하여 상변의 벌림을 백은 서둘렀다.

그렇지만 이 수는 큰 곳이지만 급한 곳은 아니다. 우상의 흑 모양을 신경쓴다면 우변의 백 두 점의 약점을 생각에 두었어야 한다.

여기서 흑은 어떤 작전을 택할지 당황한다. 표적은 우변의 백 두 점.

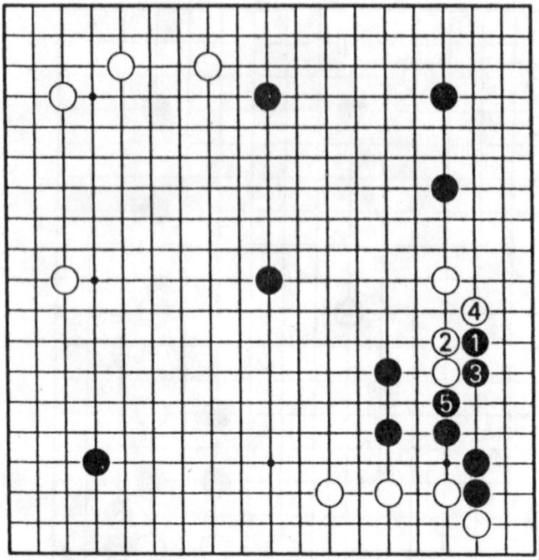

1도

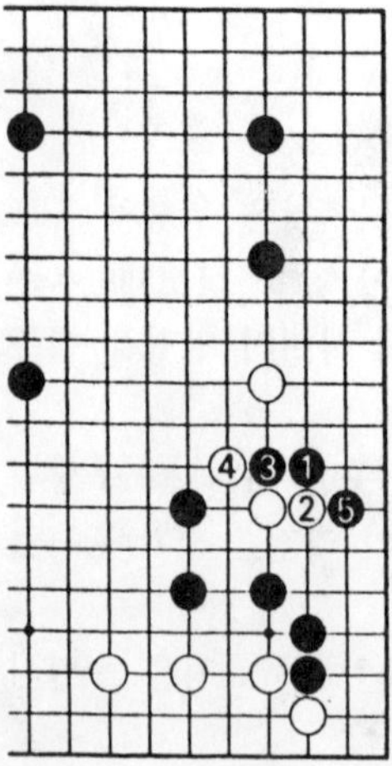

참고도

1도

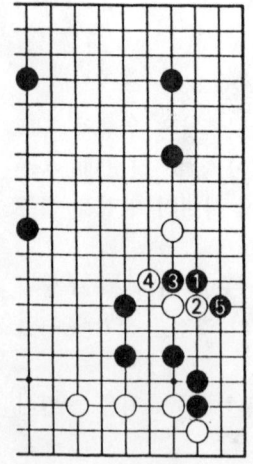

우변의 백을 노린다면 흑 1 이 첫째일 것이다. 백 2 에서 흑5 까지 도려내어 백을 쫓는다.

흑 1 의 발상은 우하의 흑의 근거를 확실히 하는 것에서도 수긍할 것이다

더우기 우변의 백돌을 쫓는다면 중앙의 한 점도 기능이 살아난다.

참고도

백 2 의 저항은 흑 3 · 5 에서 백의 모양이 깨어진다.

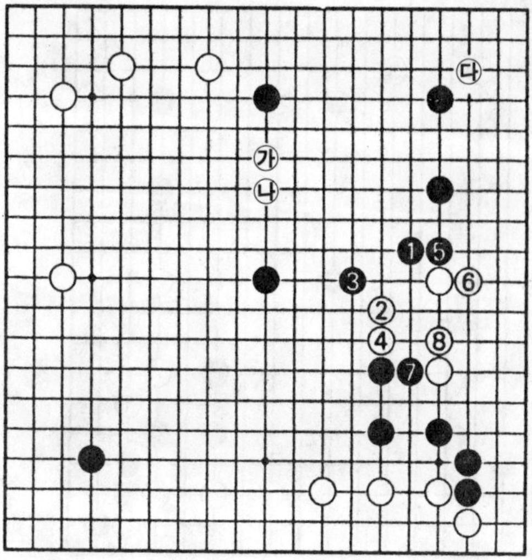

2도

2도

흑의 실전에서 둔 것은 흑1로 위에서 압박하는 공격이었다.

백2의 도망에 흑3으로 중앙을 둘러싼다. 우상의 흑모양은 보기에도 아주 크다. 그러나 이 흑의 구상은 기본적으로 잘못되었다. 백에서 **가**, **나**로 망가뜨릴 수 있고 흑이 안의집을 정리하는 것은 어려울 것이다. 게다가 **다**의 3·3도 비어 있다.

백은 우변을 백8까지 수습한 데에 만족한다. 우변이 강화되면 우하의 흑을 공격하는 즐거움이 생긴다. 그리고 우상의 흑 모양은 이 후 흑이 한 수 걸쳐도 집이 될 것 같지 않으므로 흑의 불충분한 포석이다.

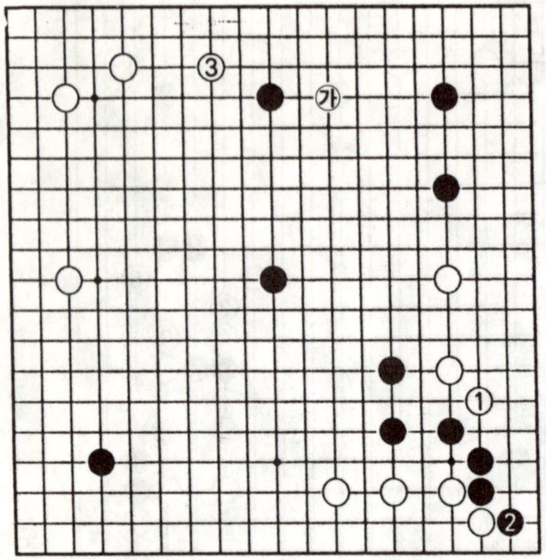

3
도

3 도

기본도로 돌아가 우변의 백으로의 공격이 엄하다는 상황 판단이 있으면 백은 상변의 큰 곳에 두지 않을 것이다.

이 국면에서의 포인트는 백 1의 마늘모였다. 우변의 백이 굳히면 우상의 흑 모양에 과감한 수단을 생각할 수 있다. 즉, 백 1의 마늘모에서 백은 간접적으로 우상의 흑 모양을 망가뜨리게 된다.

또 백 1의 마늘모에 이어서 백 2의 내림이 큰 수. 우하 흑의 근거가 없어져 뜬 돌이 되면 중앙의 싸움에 흑은 큰 제한을 받을 것이다. 흑 2 후, 백 3으로 큰 곳에 두면 바둑은 여유있는 자기 페이스일 것이다. 이 후 백 가의 뛰어들기는 상변을 망가뜨리기 보다 상변의 흑을 공격하는 기능이 된다.

급한 곳을 지키고 있으면 후의 싸움이 쉬워진다. 집을 벌기 전에 급한 곳을 잊지 않는 것이 구상의 기본일 것이다.

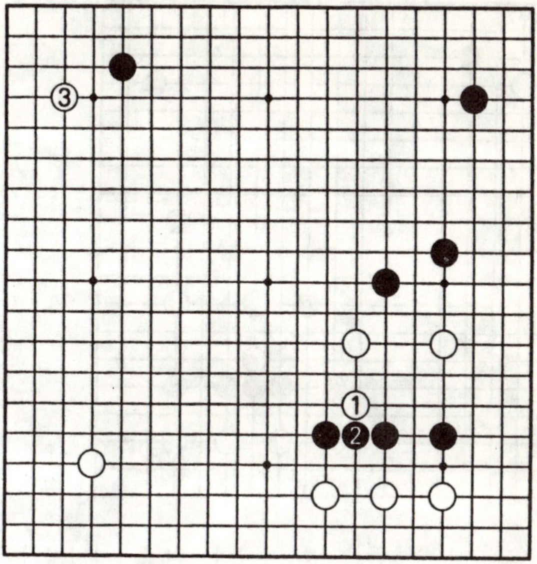

기본도

포인트1 급한 곳

제4형

돌이 겨루고 있을 때는 큰 곳보다 급한 곳

포석으로 바둑의 승패가 결정된다고 하면 과장이라고 놀랄지도 모른다.

그러나 게중에는 그런 예도 있다.

우변에서 싸움이 일어났다. 우변의 백이 약한 모양이다.

백은 1의 엿보기를 살려 3의 걸침으로 전진하였다. 언뜻 보기에 경묘하지만 정말로 그럴까. 사실을 말하면 백에게는 경쟁이라는 인식이 부족했다.

여기서 흑에게는 스케일이 큰 포석의 구상이 떠오른다.

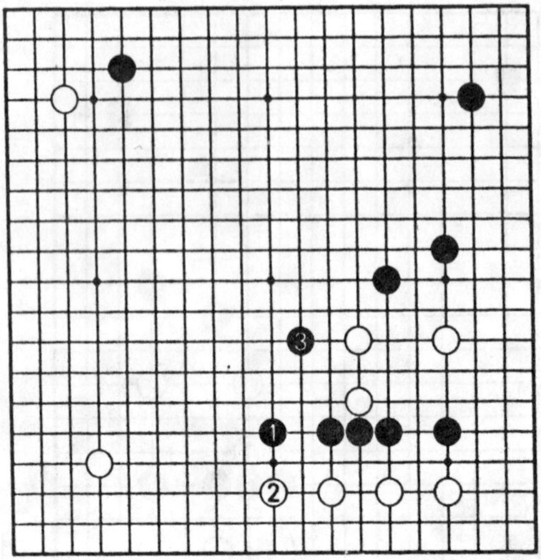

1도

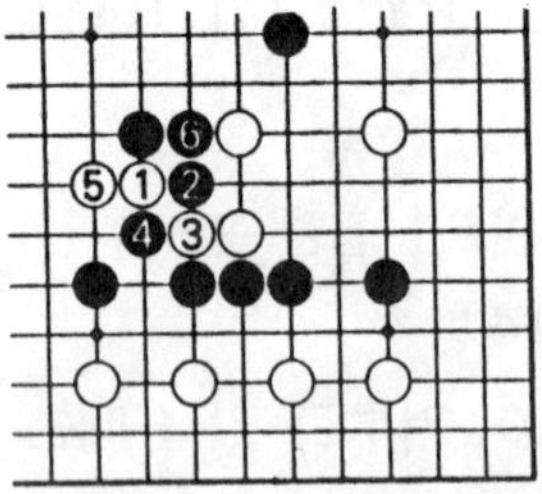

참고도 1

1도

싸움은 한가운데에서 한눈을 팔면 위험한 사태를 초래한다. 평범한 센터 라인이 러닝 홈 라인이 되기 쉬운 것과 마찬가지일 것이다.

기본도 후, 흑이 이 찬스를 잡으면 바둑은 판가름 된다.

흑 1의 뜀을 살리고 3의 모자씌움이 급한 곳의 일격. 우변의 백을 크게 공격한다. 힘을 자만하는 사람이라면 여기서 바둑을 판가름할 지도 모른다.

참고도

백 1의 저항은 흑 2 · 4의 강경한 절단이 있고 흑 6까지 우변이 점점 괴로와진다.

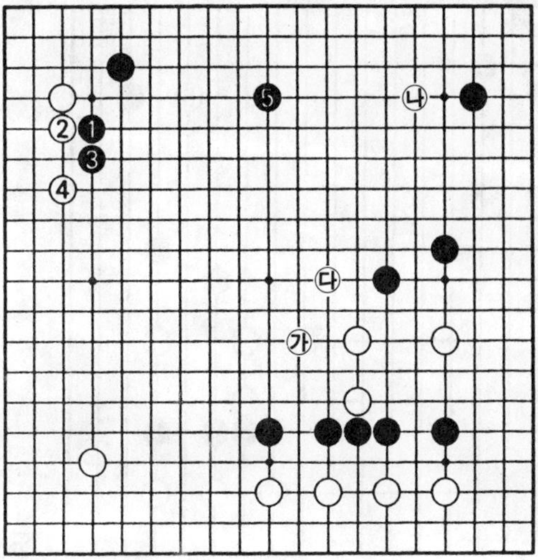

2
도

2도

흑가로 우변의 백을 공격하는 것은 너무 서두른 싸움이다. 물론 흑에게는 찬스이지만, 여유있게 두는 것이 좋다는 사람에게는 좌상의 흑1 · 3으로 걸침, 5로 상변의 큰 곳에 두는 수를 권장한다.

흑은 상변에서 우상에 걸쳐 큰 모양이 생겼다. 이 모양에 백은 멍청하게 다가가지 않는다. 우변의 백 세 점이 약하기 때문에 우상에 백이 뛰어들면 상하의 백이 휘감길 우려가 있기 때문이다.

흑5 후, 백이 둔다면 가로 뛰어 우변을 수습하는 정도일 것이다. 우하에서의 흑에게는 불안이 없으므로 흑은 다시 한 수, 우상의 모양을 지킬 수 있다. 나로 굳히든가, 혹은 다로 추격해도 좋을 것이다.

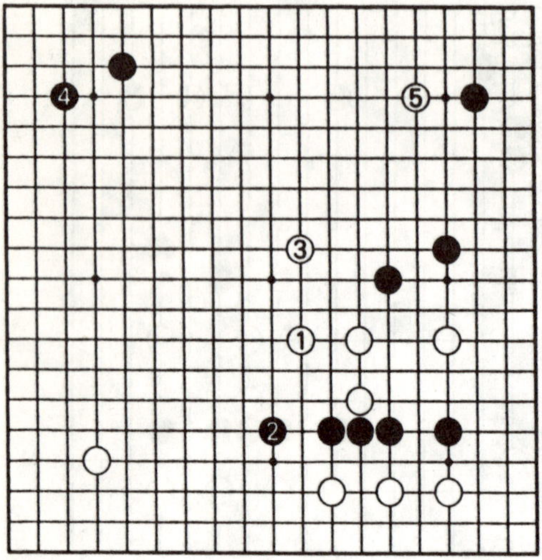

3 도

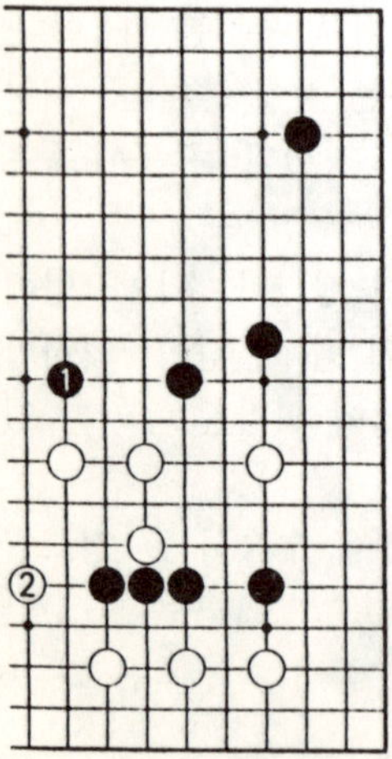

참고도 2

3 도

기본도 백 3 에서 우변의 백이 위험에 처했다는 판단이 서면 백은 1 · 3 으로 중앙을 수비할 것이다. 이것이 돌의 자연스런 흐름일 것이다. 백 5 까지 여유있는 바둑이다.

백 1 은 급한 곳, 4 는 큰 곳이라 할 수 있다.

참고도 2

전도 흑 2 에서 흑 1 의 공격은 백 2 로 반격당한다. 이번에는 흑이 괴롭다. 이런 무리를 해서는 안된다.

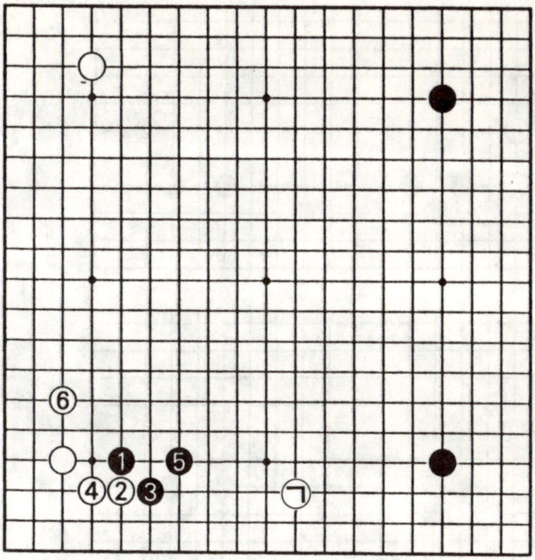

기본도

포인트 2 큰 곳은 이웃 귀와 관련된다

제 1 형

정석대로가 왜 나쁜 지 생각해 보자

좌하귀에 기본 정석이 만들어졌다. 백 6 까지 백은 실리, 흑은 외세라는 알기 쉬운 형이다.

그런데 백 6 후, 7 으로 정석서대로 두고 좋아해서는 바둑의 기능을 살린 구상이라 할 수 없다. 흑에게는 연구가 필요하다. 그 이유는 우하의 흑과의 관련에서 어려운 문제가 일어나기 때문이다.

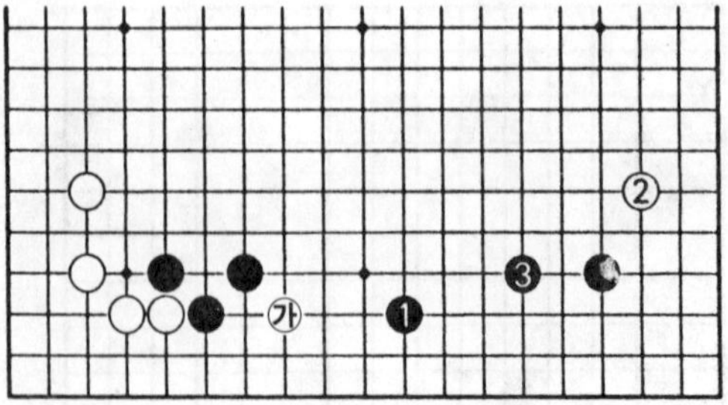

1
도

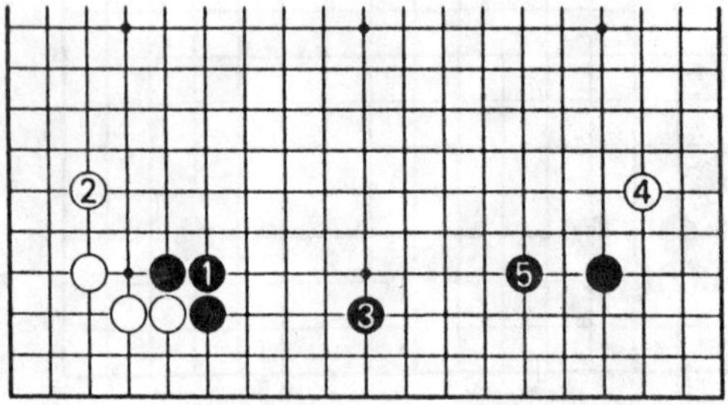

2
도

1도

기본도 후, 흑1로 벌리면 좌하의 정석이 완성된다. 그러나 흑1로 우하로의 간격이 불충분하였다. 예를 들면 다음에 백2로 걸쳤다고 해서 흑3으로 받는 것은 우하가 단단하고 왼쪽에는 백가의 표적이 남아 흑은 밸런스가 깨진다.

2도

기본도 백4에 이어 본도 흑1·3의 정석을 택하였다고 하자.

백4의 걸침에는 흑5로 받아 좌우의 밸런스가 맞는다. 이것이라면 흑에는 불만이 없다. 흑3의 벌림이 좌하와 우하의 양쪽에서 적당한 간격으로 되어 있기 때문이다.

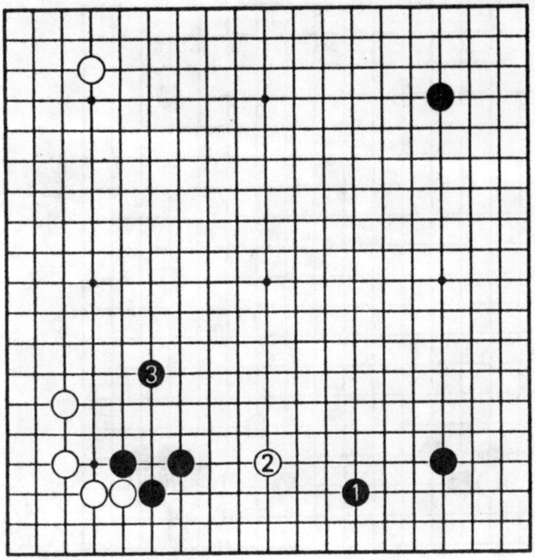

3도

3도

기본도 후 흑1로 우하귀를 대비할 생각이 있으면 프로 수준의 구상력이다.

백2로 좌하의 흑을 협공하면 흑3으로 뛰어 좌하를 굳히고, 백2의 한 점을 크게 공격하게 된다. 말하자면 백2의 협공을 기다려 하변의 흑의 세력권에서 싸우려는 구상이었다. 그리고 이 싸움은 준비가 되어 있는 흑이 유리하다.

흑1의 벌림이 백2의 근거를 빼앗는 절호점이 된다. 따라서 백도 멍청하게 2의 협공으로 두지는 않는다.

정석에 구애되어 하변에 흑의 세력을 편재시키느냐, 혹은 우하귀의 세력을 살려 흑의 페이스에서 싸움을 계속하느냐는, 이치는 간단해도 바둑의 내용이 상당히 다르다. 아마츄어 초단과 프로 초단 정도의 차이라 해도 될 것이다.

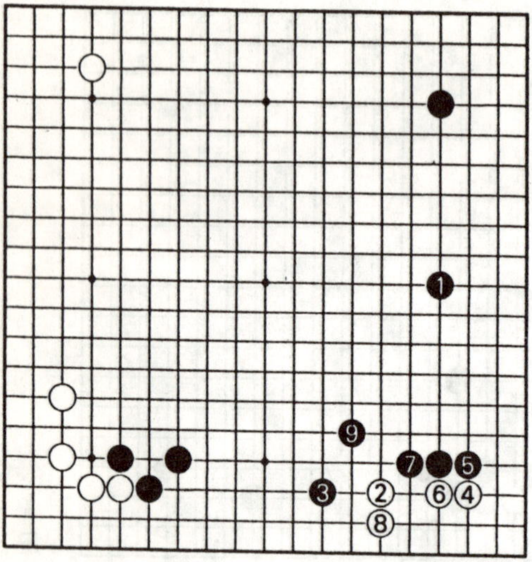

4 도

포석에는 사람마다 제각기 생각이 있어 어느 것을 최선으로 하느냐는 어려운 문제이다. 예를 들면 전도 흑 1 에서는 흑 1 로 우변에 3 연성을 까는 구상도 있었다. 아주 웅대하다.

백 2 로 걸친 것은 하변에 전개하려는 것이다. 따라서 여기서 정석의 선택을 잘못해서는 안된다. 여기서는 흑 3 의 협공이 흑 1 과 관련하는 수일 것이다.

백 4 의 3 · 3 뛰어들기에서 흑 9 까지는 정석이다. 그리고 변화 결과, 우변에서 하변에 걸쳐 스케일이 큰 모양을 완성시키고 있다. 즉 흑 1 의 3 연성은 백 2 의 걸침을 예상하여 다음의 흑 3 으로 관련시키는 구상이었다.

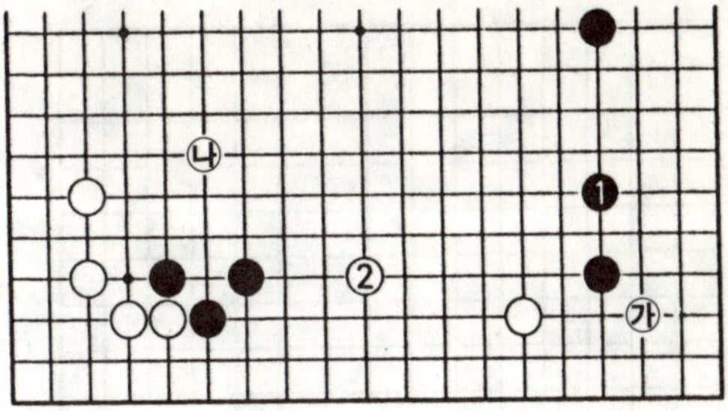

5
도

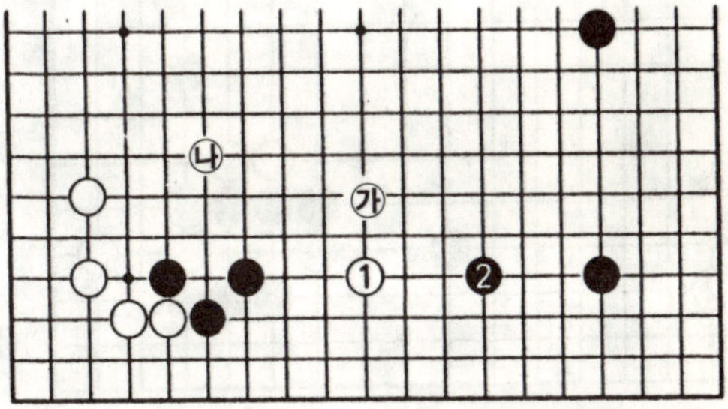

6
도

5도

전도 흑3에서 본도 흑1로 평범하게 받으면 모처럼의 구상도 깨진다. 흑1의 받음은 우변을 지키고 백가의 뛰어들기를 견제하는 정석인데, 이 상황에서는 부분에 치우친 수이다.

백2로 벌려 하변이 안정되고, 좌하의 흑 세 점만이 일방적으로 공격받는다. 이 후 흑나로 달아나도 맛댐이 없는 뜬돌이다.

6도

흑의 걱정은 백1로 바로 좌하의 흑을 공격하는 수이다.

흑2로 협공하는 것이 좋은 수이다. 좌하의 흑은 근거가 없다. 그러나 흑2로 두면 하변의 백도 근거가 없는 돌이다. 이후 백가라면 흑나, 쌍방이 서로 달아나므로 부분적으로는 호각의 싸움이다.

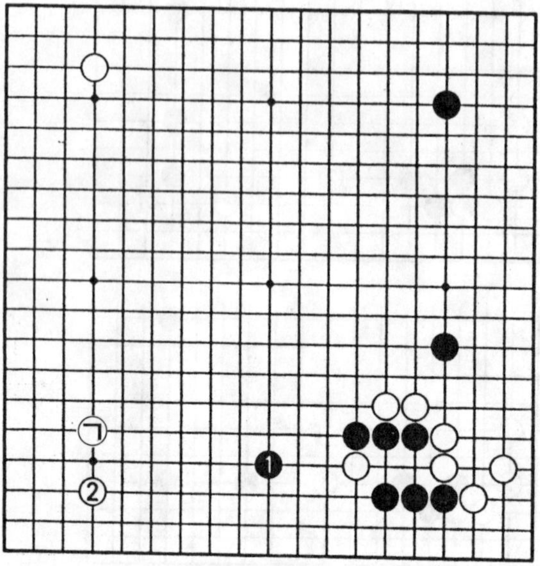

기본도

포인트2 큰 곳은 이웃 귀와 관련된다

제2형

빈 귀를 살리는 구상

귀와 변에 관련없이 포석을 생각할 수는 없다. 이 문제는 우하의 정석과 좌하귀와의 관련을 생각할 수 있다.

우하의 정석 후, 흑 1 로 하변의 큰 곳에 벌렸다. 이것은 백에게 1 근처의 협공을 하게 하여 공격을 받을 걱정을 하고 있다.

그러나 이 포석에서는 좌하가 비어있으므로 빈 귀를 두면서 우하의 세력을 살리는 구상이 성립되었다.

백 2 는 절호점이다. 이것으로 흑은 모처럼의 찬스를 없애고 있다.

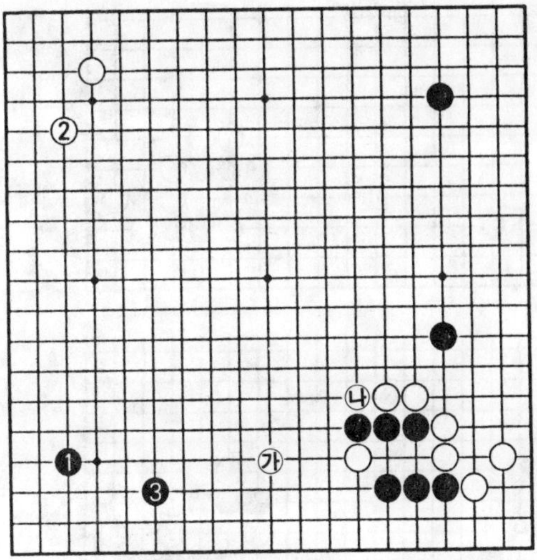

1도

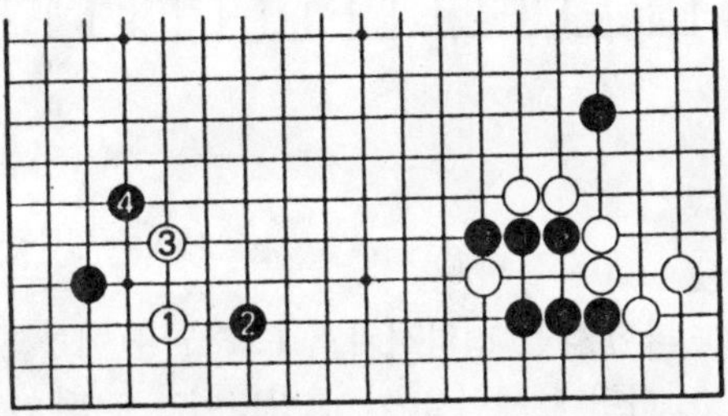

참고도

1도

우하의 흑은 백의 갑작스런 공격을 받는 형은 아니다.

따라서 흑은 우하의 세력을 배경으로 흑1로 좌하를 대비, 하변을 세력권으로 하는 구상이 유력하다. 백2라면 흑3의 굳힘이다. 백가로 침입하면 흑나로 벽을 만들고 백을 크게 공격할 것이다.

참고도

1도 백2에서 본도 백1의 걸침이라면 흑2·4로 백을 엄하게 공격하여 하변을 집으로 만든다.

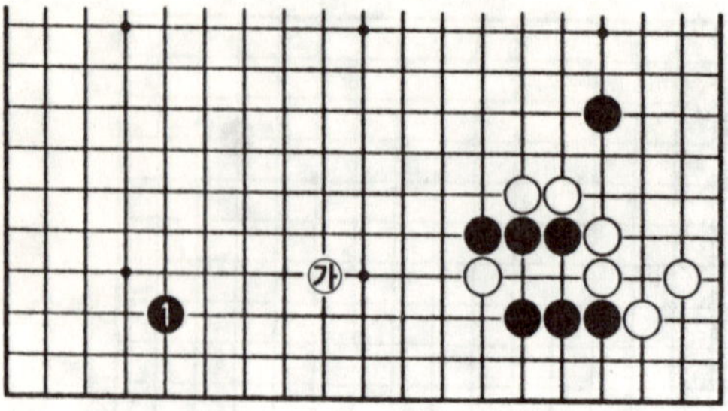

2도

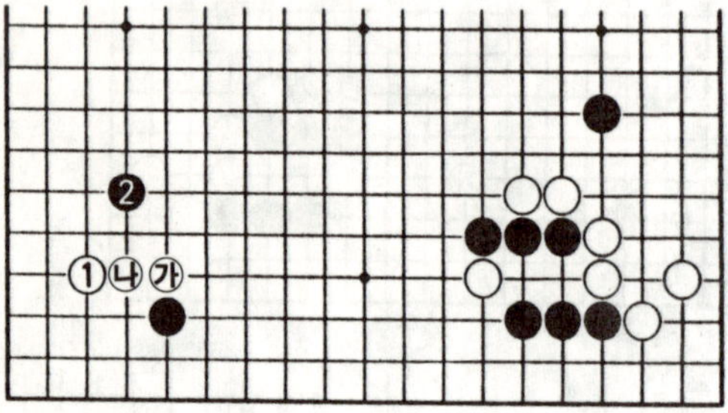

3도

2도

전도의 생각을 변화시켜 흑 1 로 눈을 때는 대비도 유력하다. 흑 1 은 하변에 세력을 가진 방법이므로 백 가 의 방향에 두기 힘들어졌다. 즉 우하의 세력과의 사이에 모양을 형성하는 구상이다.

3도

백 1 로 걸친 것은 흑이 대환영. 흑 2 로 대사(大斜) 걸침하여, 이 후 백 가 라면 흑 나, 하변 흑의 세력권에서의 급전이 되면 백이 위험한 상태에 몰릴 것이다. 이 후의 변화는 뒤의 제 4 형을 참조하기 바란다.

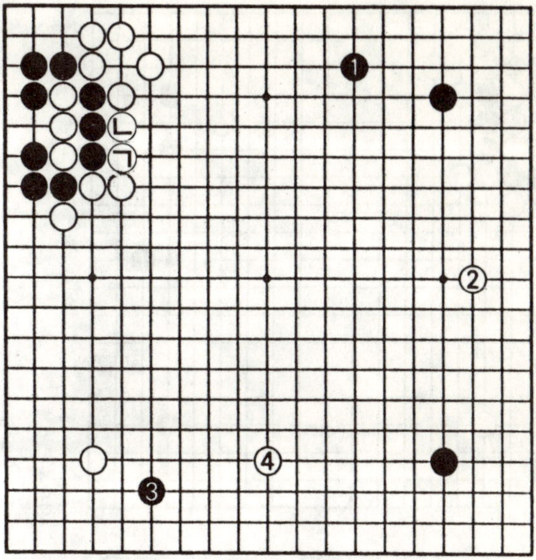

기본도

포인트2 큰 곳은 이웃 귀와 관련된다

제3형

대형 정석은 큰 곳을 제한한다

변의 큰 곳은 귀와의 관련없이 둘 수 없다.

좌상에 큰 사태의 정석이 생겼다. 백은 상변에서 중앙으로 세력을 만들고 있다. 이 세력은 ㄱ 또는 ㄴ 의 맞댐이 살아 강력하다.

이 후 흑은 1로 우상을 대비, 상변의 큰 곳을 제거한다. 백2는 우변의 가르기, 이것은 흑의 세력을 없애는 수이다. 백4는 하변의 큰 곳을 차지하고 있다. 이들 세 수는 우상의 백 세력과 관련하는 큰 곳의 수단이었다. 이 의미를 생각해 보자.

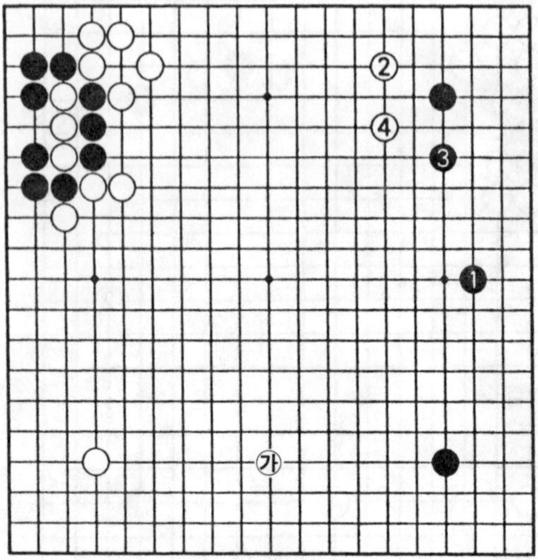

1도

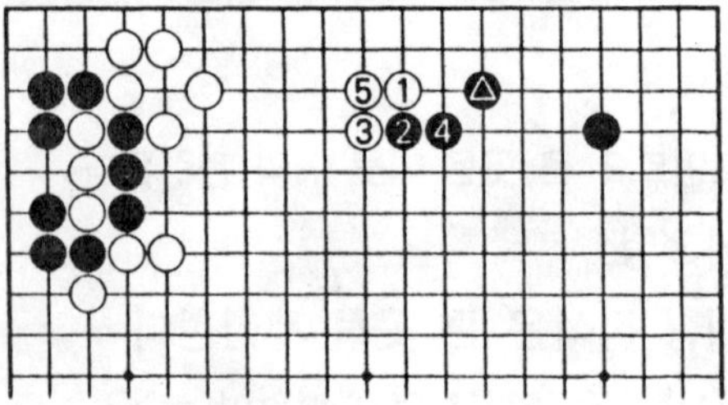

참고도 1

1도

기본도의 흑 1에서 우변 흑1이나 하변 가의 큰 곳에 두었다고 하자. 백은 2로 우상귀의 흑에 걸치고, 흑3, 백4로 상변의 모양을 넓힌다. 이 모양은 좌상의 백의 세력이 강하므로 이대로 스케일이 큰 확정집이 될 것 같다.

참고도 1

▲(기본도, 흑1)에 이어 백1로 메우고 상변에 백집을 만드는 것은 백이 불충분하다. 흑2에서 백5까지 백의 집이 작다. ▲은 1도 백2의 큰 수를 제한한 큰 곳이었다.

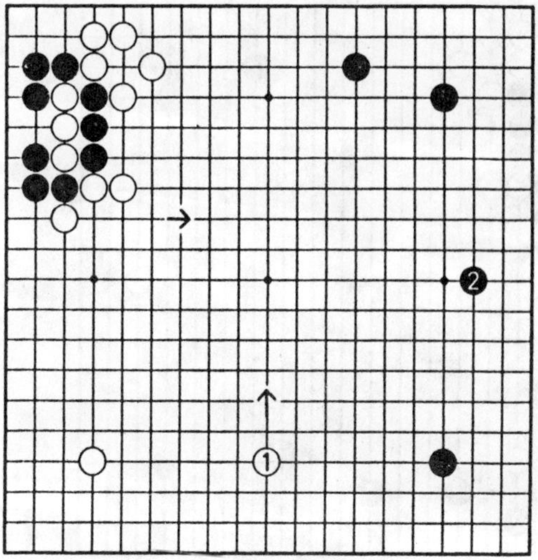

2 도

2 도

좌상의 대형 정석은 백이 집을 잃는 대신에 중앙의 싸움에서 집의 손실을 되찾을 수 있다는 의미를 갖고 있다. 즉 백은 중앙을 향한 싸움, 난전을 하는 쪽이 찬스가 많아진다.

기본도의 백 2 에서 하변의 백 1 의 큰 곳에 두었다고 하자. 이 큰 곳에 대항하는 것은 우변의 흑의 2 이다. 그리고 이 포석은 흑이 알기 쉬워진다.

이유는 흑 2 로 두어 우상과 우하의 흑의 세력이 관련되기 때문. 흑이 집을 둘러싸기 쉬워지고, 백이 우변의 세력권에 침입하는 것은 백의 불리한 상태에서 싸우게 되어 좌상의 세력을 이용하기 힘들고, 백 1 로 큰 곳에 두어도 좌변은 기슭을 비워 집이 되기 힘들고, 화살표 방향으로 모양을 확장하는 것으로는 모양이 막연하다는 결함이 있다는 점을 들 수 있다.

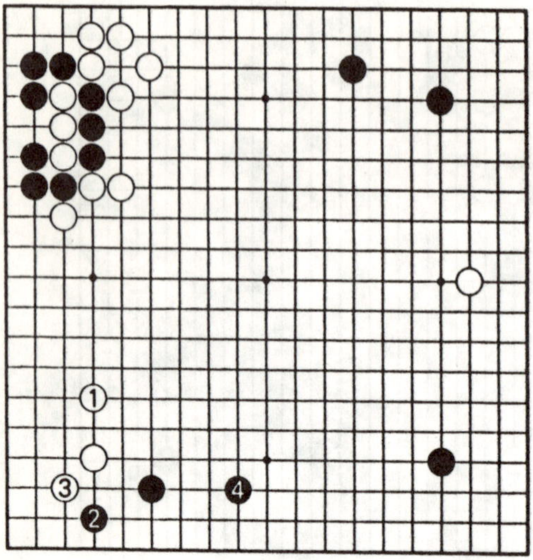

3 도

3 도

기본도 백 2 에서 백은 우변의 흑의 세력을 아래로 분할하였다. 또 같은 그림의 백 4 는 하변도 분단하여 싸움을 할 목적으로 좌상의 세력을 살리려 하고 있다.

그런데 그 백 4 에서 백1로 한 칸에 받았다고 하자. 이것은 흑 4 까지 백의 실패이다. 좌하의 흑을 안정시켜서는 안된다.

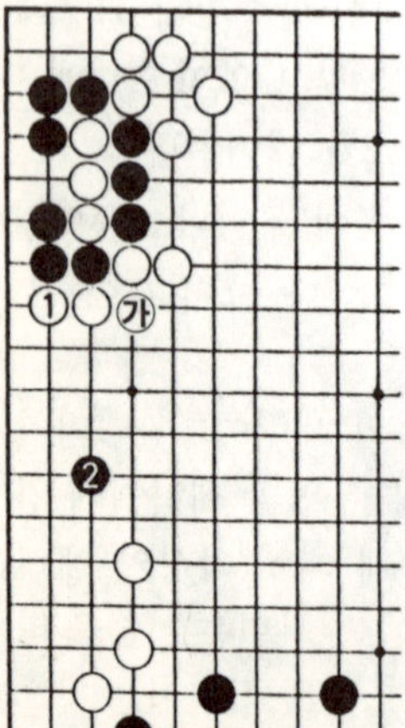

참고도 2

참고도 2

좌변의 백집도 불완전하다. 백1이라면 흑 2 가 엄하고, 흑 가 를 노릴 것이다.

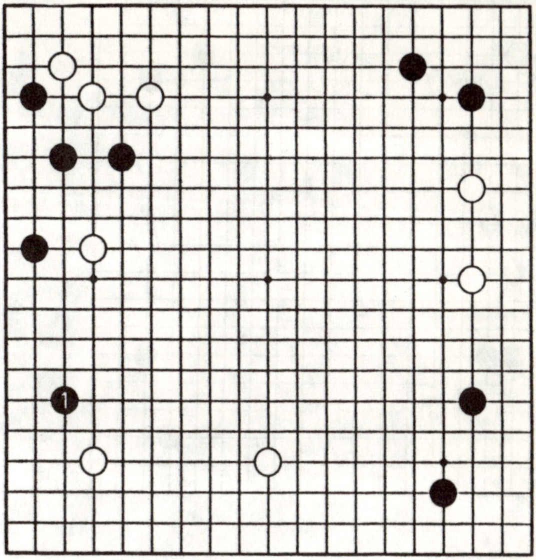

기본도

포인트3 큰 곳의 대소와 공배

제1형

빈 기슭은 집이 되지 않는다

흑1로 좌하에 걸쳤다. 이 수의 옳고 그름을 생각해 보자.

포석에는 큰 수가 널려 있다. 이상은 큰 수에서 작은 수로 차례로 둘 것. 혹 작은 수를 먼저 두면 보다 큰 수를 상대가 두게 되어 점차 차가 생긴다.

흑1이 현상태에서 최대인지를 어디서 판단하면 좋을까.

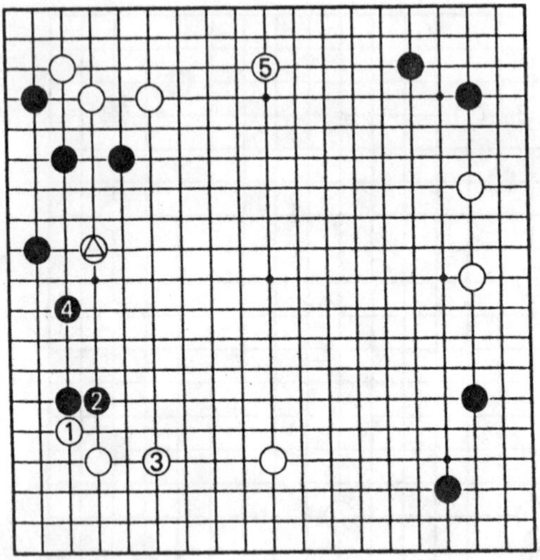

1
도

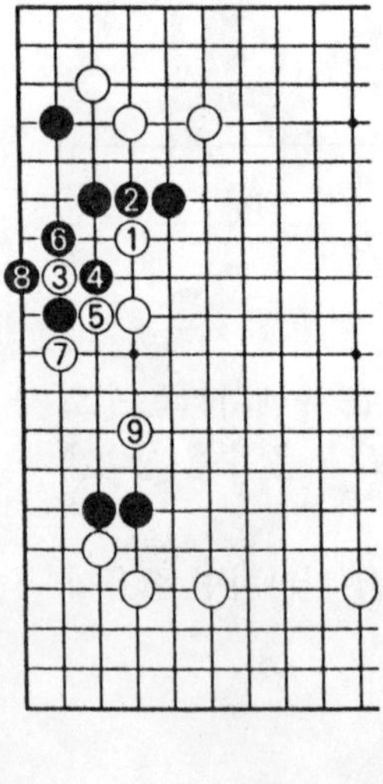

참
고
도
1

1도

흑은 좌변의 △ 한 점을 공격할 표적이 있었던 것 같다. 그러나 백 1 · 3으로 좌하를 굳히고 흑4로 받게 하고 나서 상변 백5의 큰 곳으로 돌아 느긋한 바둑이다. 흑은 좌변에 편재하고 있다.

참고도 1

1도 흑4를 생략하면 백1에서 9로 좌변을 굳혀 흑이 고전한다.

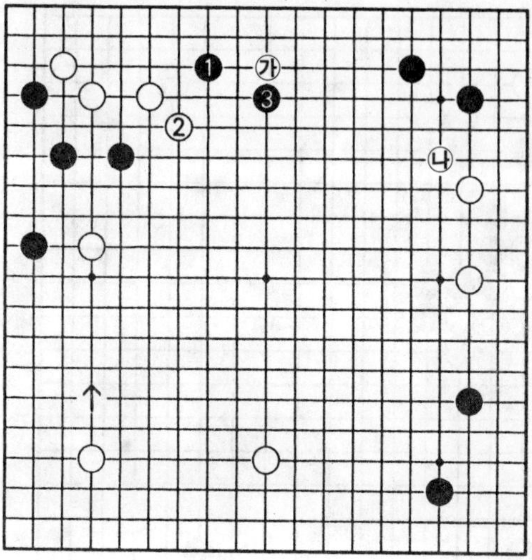

2 도

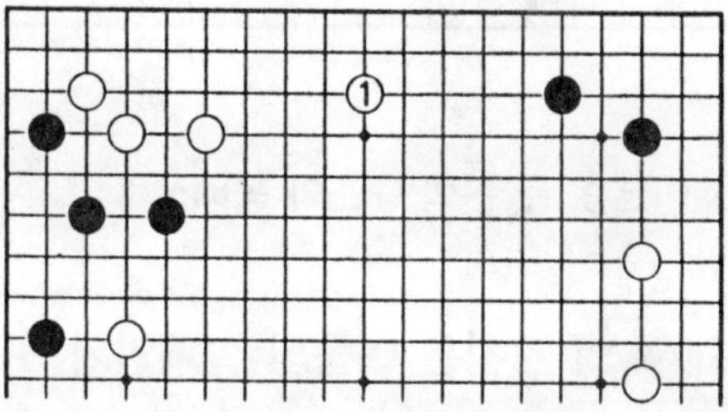

참고도 2

2 도

좌변의 크기를 생각해 보자.

흑은 변의 제2 선을 낮게 대비, 화살표 방향으로 백돌이 와도 백을 빈 기슭으로 만들고 있다. 즉 백이 두어도 집이 되기 힘든 상태이다. 이것은 흑에게 있어서도 가치가 낮은 공배이다. 좌변에 비하면 상변 흑 1이나 백 가의 벌림이 큰 것이었다.

흑 1 · 3 에 이어 흑 나 로 모양을 넓히는 수가 있다.

참고도 2

백 1 과 2 도를 비교하여 상변의 크기를 생각해 보자.

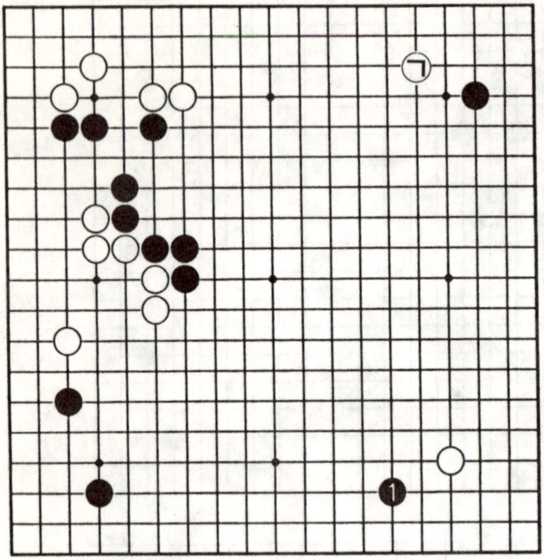

기본도

포인트 3 큰 곳의 대소와 공배

제2형

왜 흑의 걸침은 이중의 실패인가

흑1로 우하의 화점에 걸쳤다. 소목으로의 걸침에 비해 화점에의 걸침은 박력이 떨어진다. 이유는 화점의 돌이 공격을 받지 않는 가벼운 위치이기 때문이다.

따라서 흑은 1로 걸치기 보다도 ㄱ으로 굳힘을 두는 편이 부분적으로는 컷던 것이다.

또 흑1에는 걸침으로서의 가치 판단의 실수 외에 큰 곳의 방향을 택하는 데도 실패가 있었다. 따라서 이곳은 백이 형세를 유리하게 할 찬스이다.

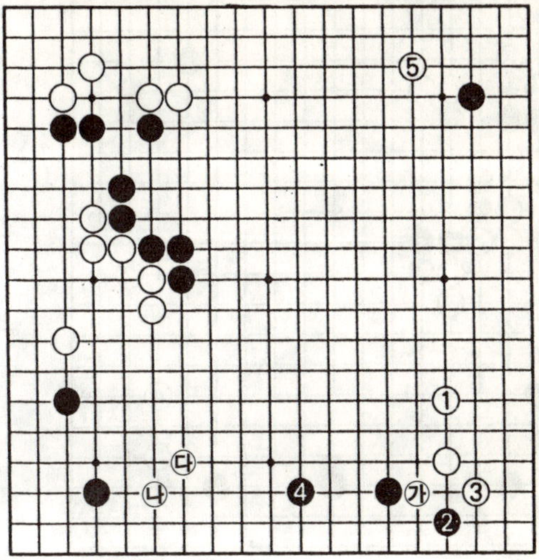

1
도

1도

흑의 실패를 나무라는 데는 백이 평범하게 받아 다행이었다.

백1로 받으면 흑은 2에서 4까지의 정석으로 받는 정도이다. 흑2 이하를 생략하는 것은 백가의 마늘모 붙임의 공격이 엄하다.

백5로 걸쳐 백이 편한 포석이다.

이 포석에서 흑집을 크게 발전시키는 곳은 하변밖에 없다. 그러나 그 하변에는 좌변에 뿌리를 내린 백이 머리를 내밀고 있다. 백나로 뛰어들어 백 쪽으로 쉽게 이어지는 형이다. 또 흑다로 하변을 둘러쌓아도 흑집의 스케일이 작다. 좌변의 백을 공격하는 수단이 없으므로 수비 기능밖에 없다.

한편 백은 좌상의 흑으로 공격을 노리면서 상변의 백집을 넓힐 계획이 있어 재미가 있다.

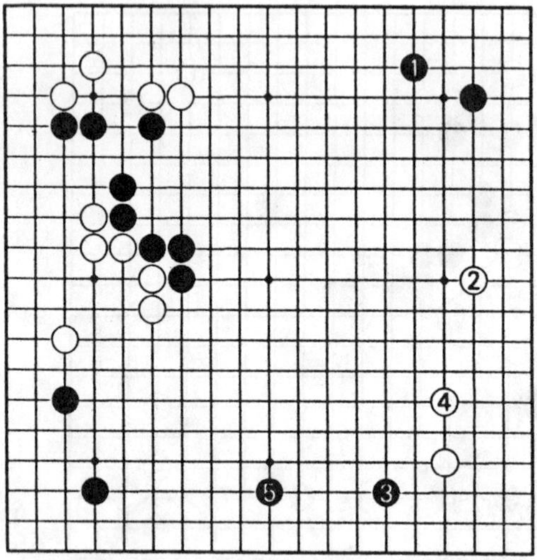

2도

기본도 흑1의 걸침에서는 우상을 흑1로 굳히는 것이 최상일 것이다. 흑1의 굳힘에 의해 좌상의 백의 발전도 제한하고 있다.

백의 다음의 큰 곳은 우변이다. 백2에서 5의 벌림은 흑2로 두어 우상의 굳힘과 간격이 좋아진다. 하변은 흑이 벌림을 두어도 좌변의 백이 표적을 살리고 있으므로 큰 곳으로서는 공배에 가깝다. 단 백2에 이어 흑3·5는 백의 양날개의 이상형을 막아 도리가 없다. 하변은 적극적으로 두기 보다 백의 확대를 피해 소극적으로 두는 의미가 강했다.

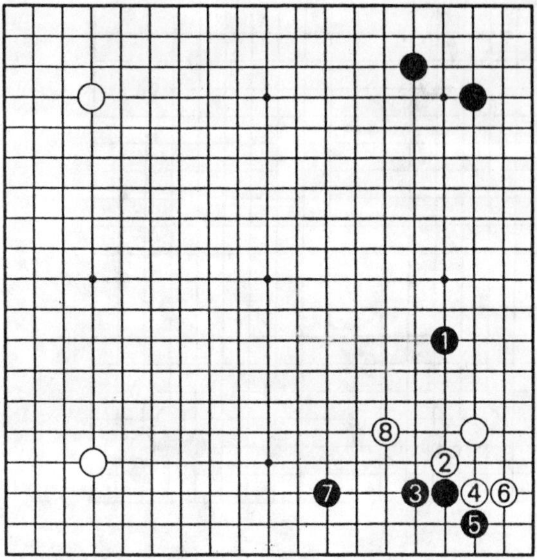

기본도

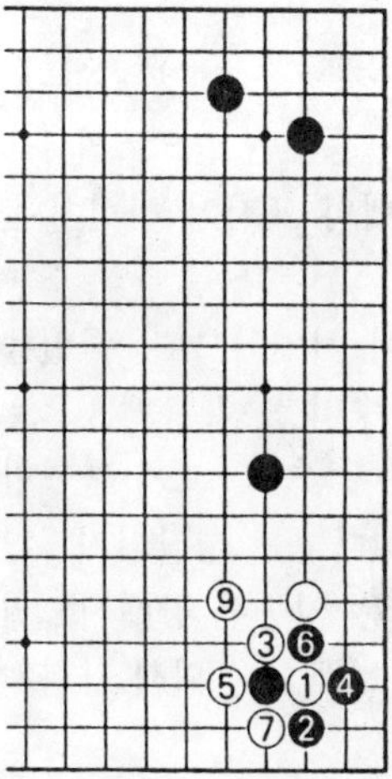

참고도 (1) ❽ 이음

포인트 3 큰 곳의 대소와 공배

제 3 형

정석 후의 큰 곳과 공배를 찾는 법

우하, 흑 1 의 두 칸 높은 협공에서 흑 7 까지는 기본 정석이다.

백 2 에서 4 의 붙임을 먼저 두면 참고도 흑 2 에서부터의 변화가 있다.

백 8 은 좀 변칙인데, 이 후 흑은 어디로 두느냐가 문제이다.

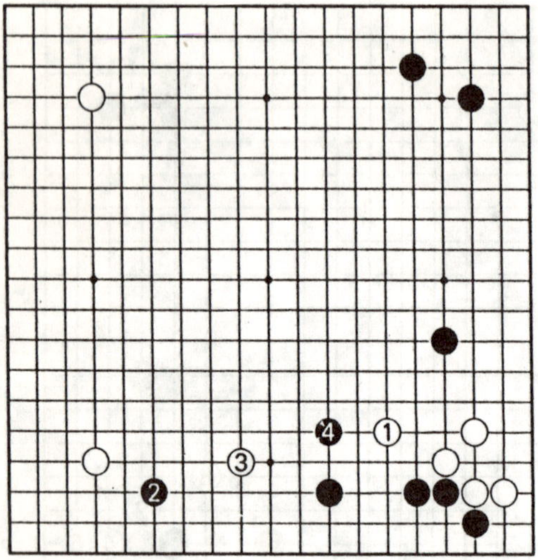

1
도

1도

이것은 실전의 진행이다.

우하의 백은 수를 빼도 흑으로부터 공격받을 걱정은 없다. 그럼에도 불구하고 백 1로 세력을 쌓는 것은 주변으로의 표적을 강조하는 것이다. 따라서 흑은 백의 표적이 하변이냐, 우변이냐를 생각하지 않으면 안되었다.

흑 2로 좌하에 걸쳤다. 백 1의 표적이 하변이므로 하변을 대비하려는 구상이다. 그리고 그 흑의 수비를 깨고 백 3으로 뛰어들어 하변에서 싸움이 일어나고 있다. 언뜻 보기에 쌍방 자연스러운 것 같지만 각각 필연성이 있다고는 생각되지 않는다. 그리고 사실은 흑 2 이하의 싸움은 엉뚱한 공배의 싸움이었다. 싸움의 본선은 하변이 아니고 백 1에 의해 강화된 우하에 가까운 우변이었다.

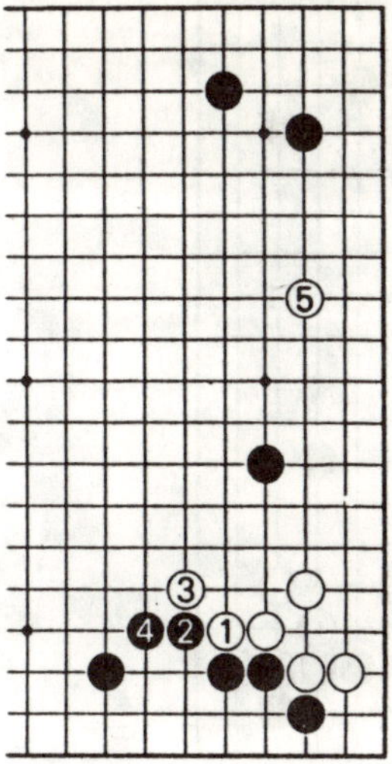

2
도

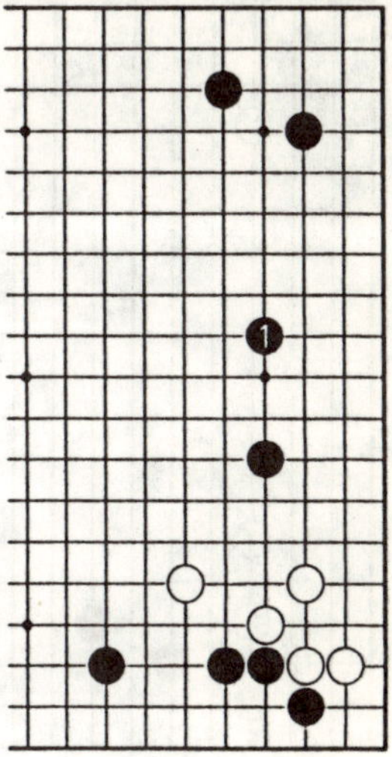

3
도

2도

기본도 백8은 우하의 흑에 영향이 없다.

혹 백이 우하에서 모양을 정한다면 백1로 밀고, 흑2·4로 받게 하여 선수를 쥐는 것이 보통이다.

이렇게 우하에 쌓은 세력을 살려 우변에 백5로 뛰어든다. 이것이 우변의 흑 한 점을 공격하는 것보다 흑의 모양화를 막은 구상이다.

3도

기본도 백8의 표적도 2도와 마찬가지로 우변으로의 뛰어들기다.

그리고 백이 후수를 당겼으므로 흑1로 우변을 지키는 것이 급한 곳이다.

우상에서 우변에 걸쳐 흑 모양이 되므로 기본도 백8의 완착이 확실하다.

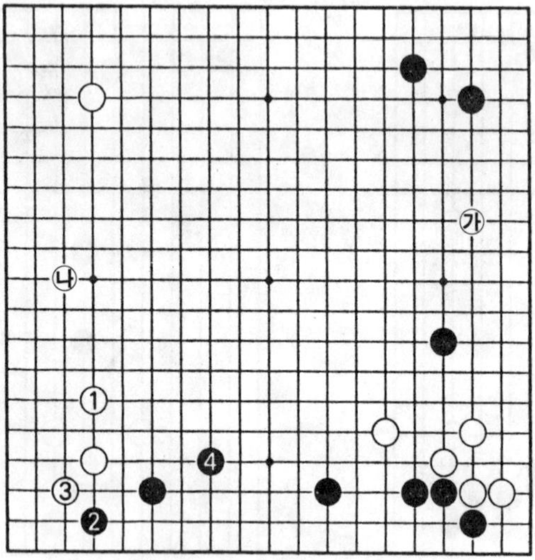

4
도

4도

하변과 우변의 크기를 재고하여 보자.

우하의 흑은 근거를 가진 강한 돌이므로 하변에 전개하는 것은 세력의 중복이다.

1도 흑2에 백은 1로 평범하게 받고 흑2 · 4로 하변을 둘러싸 충분. 이 후 대망의 우변에 가로 두어도 또 좌변의 큰 곳 나에 두어도 백이 쉬운 포석일 것이다.

실전의 그림은 흑이 강화를 더한 하변에 백의 뛰어들어 갔으므로 흑의 중복된 수가 오히려 살고 있다. 백은 자청해서 힘든 싸움을 시작하였다. 그러한 고전을 극복하기 위하여 힘을 발휘하기 보다도, 대국을 보아 편한 포석으로 끌고가는 쪽이 보다 본격적인 힘의 소유자라 할 수 있을 것이다.

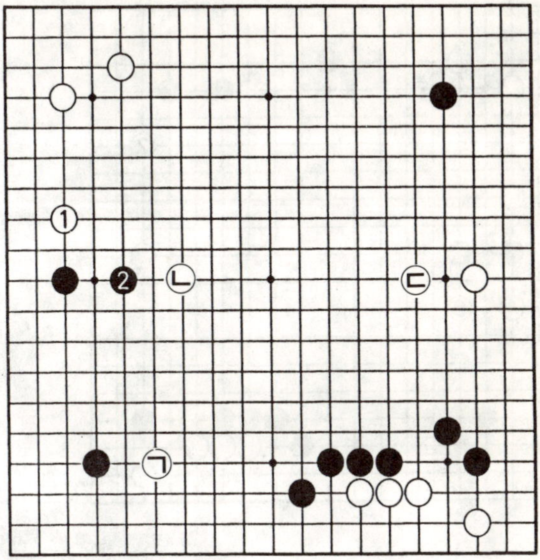

기본도

포인트4 입체적인 구상을 그리자

제1형
하변의 전체에 관련된 모양을 쌓는 방법

이것은 두 점 바둑의 포석이다.

좌하에는 흑이 양날개를 벌린 모양이 있다. 이것은 아직 완전한 집이라 할 수 없다. 또 상변과 우변에도 큰곳이 있고 좌하만이 초점이라기에는 좀 이를 것이다. 단 백1로 메우면 흑은 2로 받고 싶다. 이것이 입체적인 구상이다. 좌하귀의 집은 이 후 흑ㄱ으로 굳히면 이상적이며, 다시 흑ㄴ으로 뛰고, 우변 ㄷ쪽으로 돌이 오면 우하의 벽도 살아 하변 전체에 관련되는 흑 모양이 생긴다.

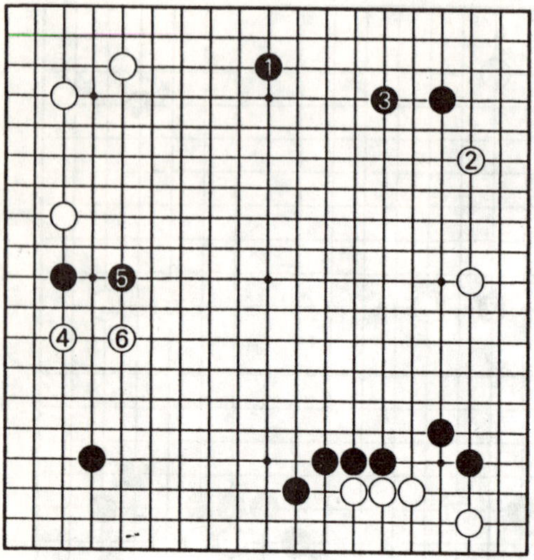

1도

1도

기본도의 변화이다.

흑1은 큰 곳. 좌상의 백 세력의 발전을 제한하고 있다. 또 우상의 흑으로부터 벌림이므로 큰 곳 중에도 최상일 것이다. 그러나 백4로 좌변에 뛰어드는 수를 주므로 좌하의 흑 모양은 씻은 듯이 사라진다.

물론 두 점의 바둑에서 흑은 악수를 둔 것은 아니므로 이것으로 흑이 불리한 것은 아니다. 단 이런 싸움이 되면 흑도 백도 돌의 기능이 서로 분산하므로 상수인 백에게 이용당할 우려가 있다.

입체적이라는 말은 하나의 귀와 하나의 변뿐만 아니라 귀와 변의 돌을 중앙으로 발전시켜 돌의 기능을 관련시켜 상승효과를 올린다. 단순한 평면의 기능에 플러스 알파를 준다는 느낌으로 사용된다.

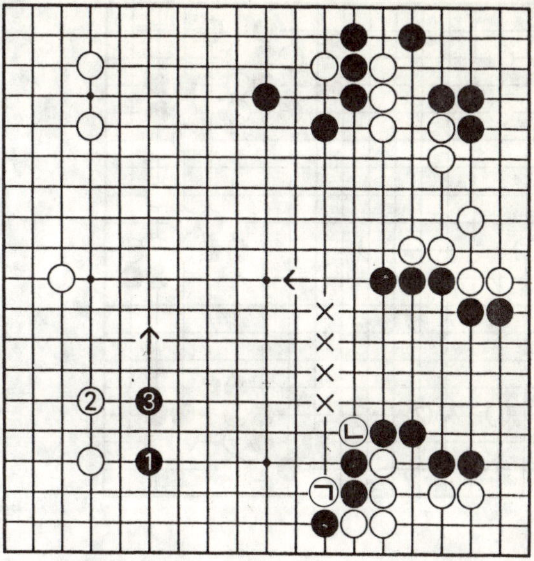

기본도

포인트4 입체적인 구상을 그리자

제2형

모양은 중앙에 연결되면 입체적이 된다

흑은 우변에 모양을 만들었다. 그러나 ×표 부근에서 확정 집을 만드는 것은 불충분.

하변에는 ㄱ, ㄴ의 결점이 있어 완전한 형이라고는 할 수 없지만, 여기서 흑1로 걸치고 3으로 넓힌 것이 입체감이 있는 방법이다.

흑의 목표는 ×표의 안쪽이 아닌, 다시 화살표 방향으로 세력을 넓히고, 중앙을 모양으로 하려는 것이었다. 그리고 이 구상에는 우변, 우상의 백으로의 효력이 더해지므로 모양의 확장은 상변에까지 미칠 것이다.

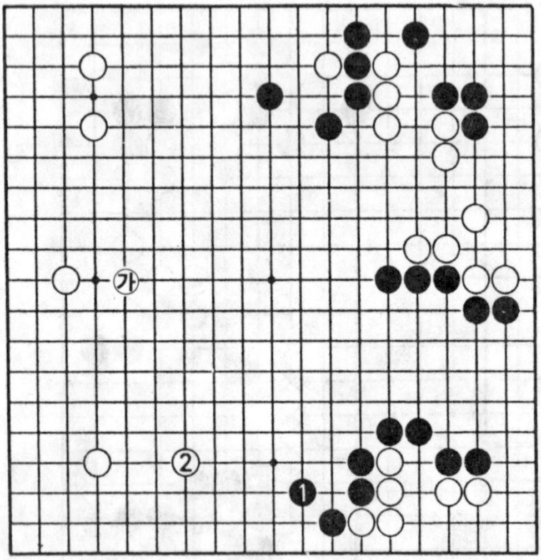

1 도

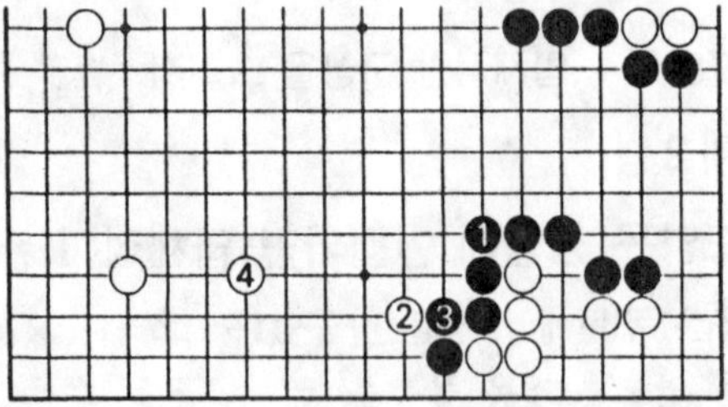

참고도 1

1 도

기본도 흑 1 에서는 모양에서 보면 하변의 결점을 보충하여 흑1 의 걸쳐이음이 보통.

그러나, 이 포석에서는 백 2 로 대비하여 멀리서부터 모양을 제한당한다. 그것뿐만이 아니다. 다음에 백 **가** 로 대비하면 좌변에 백의 입체적인 모양이 생긴다.

참고도 1

흑 1 의 이음도 실패이다. 백 2 의 엿보기에서 4 라는 요령을 주어 백의 모양이 생길 것이다.

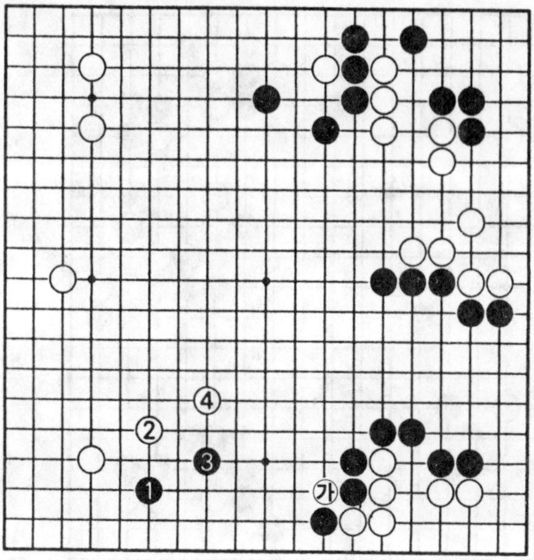

2
도

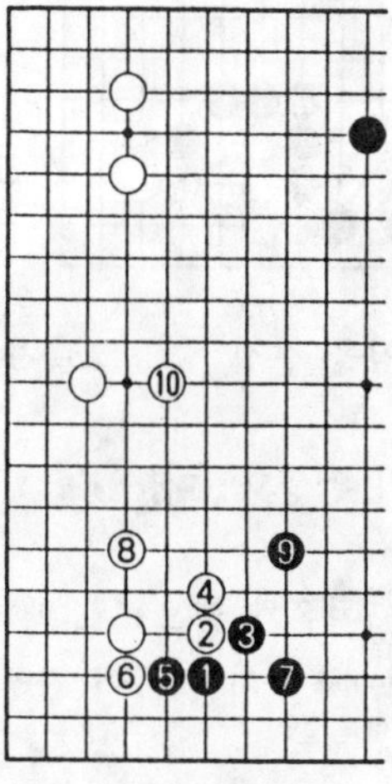

참
고
도
2

2 도

기본도 흑 1 의 변화이다. 상식적인 흑 1 의 걸침에는 백 2 의 날일자가 유력. 흑 3, 백 4 에서 흑의 중앙으로의 확장이 깨지고 하변에는 가 의 결함이 남는다.

참고도 2

백 2 · 4 의 붙여뻗음에서 8 까지는 접바둑 정석. 흑 7 · 9 로 하변에서 중앙으로 세력을 넓힐 수 있다. 그러나 백도 10 으로 뛰어 좌변이 큰 확장집이 되며 이것으로도 백 충분.

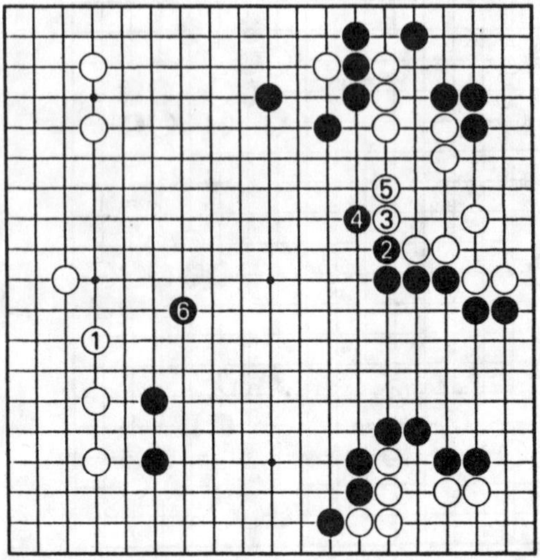

3
도

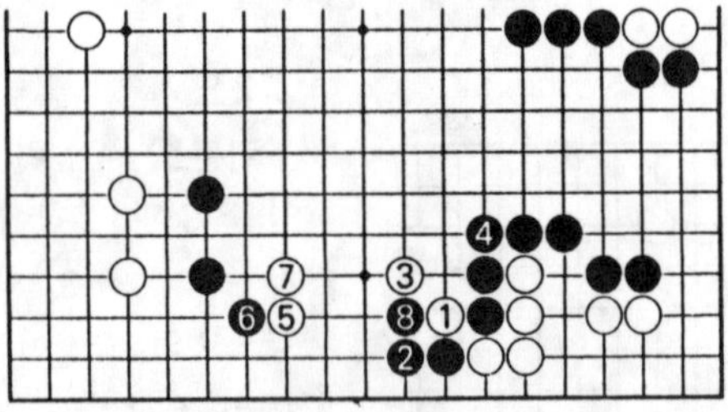

참
고
도
3

3도

기본도에 이어 흑이 이상적인 모양을 그린 형이다.

백 1로 좌변을 받거나 하면 흑 2 · 4로 우상의 모양을 결정, 중앙으로 세력을 가한다.

흑 6으로 대비, 흑의 입체적인 모양이 완성되었다.

참고도 3

실전에서는 백은 좌변을 지키고 있을 여유가 없으므로 백 1의 끊음으로 하변에서 싸움을 일으켰다. 흑 8까지 흑이 환영하는 싸움이다.

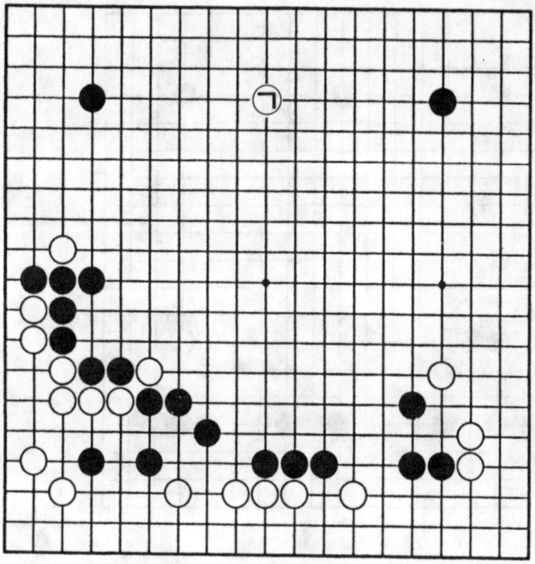

기본도

포인트4 입체적인 구상을 그리자

제3형

중앙 작전을 철저하게 하는 발상이란

네 점의 바둑이다.

좌변에서 좌하, 우하에서 우변, 그리고 하변으로 백은 집을 벌고 있다.

한편 흑의 작전은 중앙에 벽을 만들었다.

이 후 ㄱ 등의 큰 곳도 눈에 띄는데 이 경우 별로 좋은 것 없다. 중앙의 벽을 배경으로 흑의 세력을 더욱 넓히는 흑의 입체적인 구상도를 그려보자.

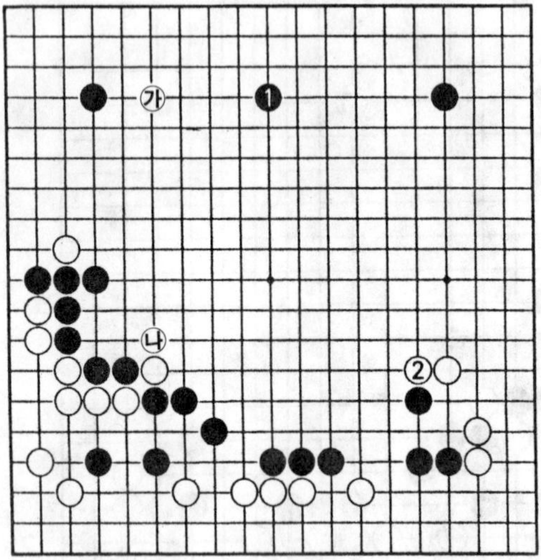

1
도

1도

포석의 일반적인 생각은 귀의 점거 다음은 변의 큰곳이다.

이 보의 왼쪽에서 보면 흑1의 큰 곳은 절호점. 다음에 흑 가로 대비하게 되면 모양이 바로 확정집으로 변할 것이다. 그러나 전국적으로 보면 흑1에서는 불충분. 백2로 밀어 우변에서 중앙으로 머리를 내밀면 하변에서 좌변에 걸친 벽이 기능을 잃기 때문이다.

좌변에서 하변, 그리고 우변으로 세력이 관련되면 흑이 큰 모양이 완성된다. 그러나 그 큰 모양도 한 군데가 깨지면 수습할 수 없게 된다.

이 후 백나로 움직이면, 하변에서 우하귀에 걸친 흑이 근거를 갖지 않는 뜬 돌로 변하여 백으로부터의 공격 목표가 된다.

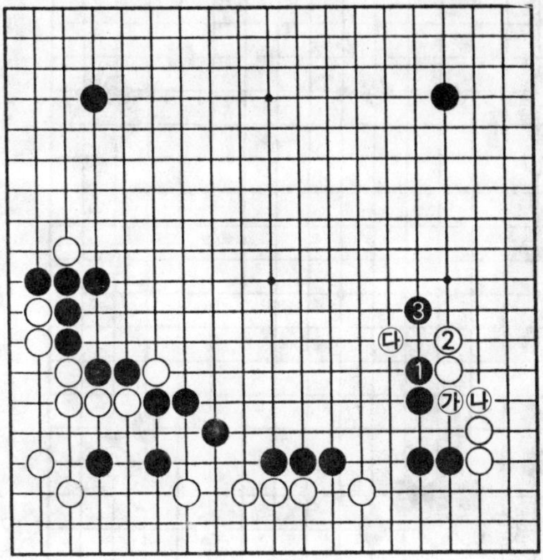

2
도

2도

기본도 후, 흑1 · 3이 흑의 벽을 살린 입체적인 구상이었다. 상식은 흑1에서 가, 백나, 흑다 인데, 이것도 유력하다.

흑1 · 3으로 백에 4선의 집을 주지만 중앙을 굳힌다는 일관된 돌의 기능이 있으므로 결코 나쁘지 않다.

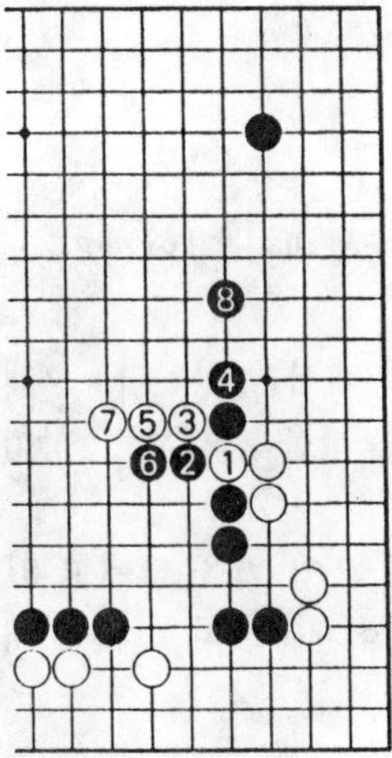

참
고
도

참고도

이어서 백1 · 3으로 나가끊어 싸움이 되어도 흑의 벽이 산다. 흑8까지, 흑은 백을 공격하면서 주변에 집을 늘려 필승할 것이다.

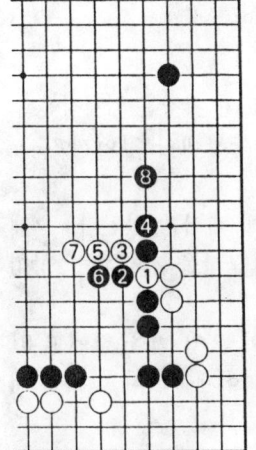

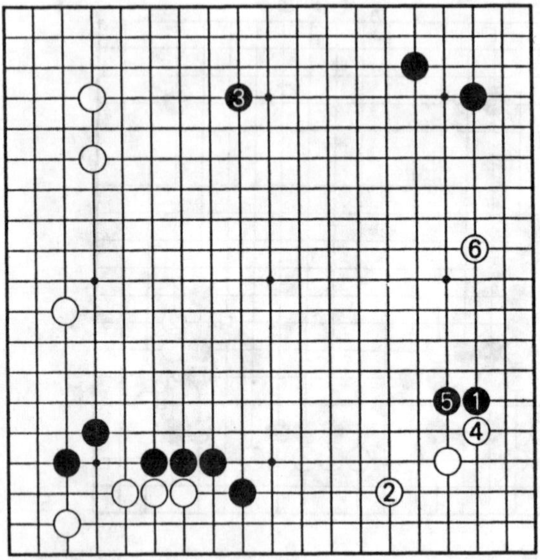

기본도

포인트 4 입체적인 구상을 그리자

제 4 형

입체적인 구상을 견제하려면

모양의 폭을 평면으로 하면 중앙으로의 확장은 입체적인 느낌이다. '골이 깊다' 고 표현되듯이 확장에다 깊이까지 느낄 수 있는 것일까.

그러한 입체감이 있는 모양을 만들게 해서는 안된다. 그래서 마지막으로 하나, 참고로 입체적인 구상을 견제하는 방법을 들어 둔다.

먼저 백 2 는 우하귀를 굳히고 좌하의 흑의 벽을 없애고 있다. 이하 백 6 까지 여기까지의 수순과 이제부터의 방법에 대하여 생각해 보자.

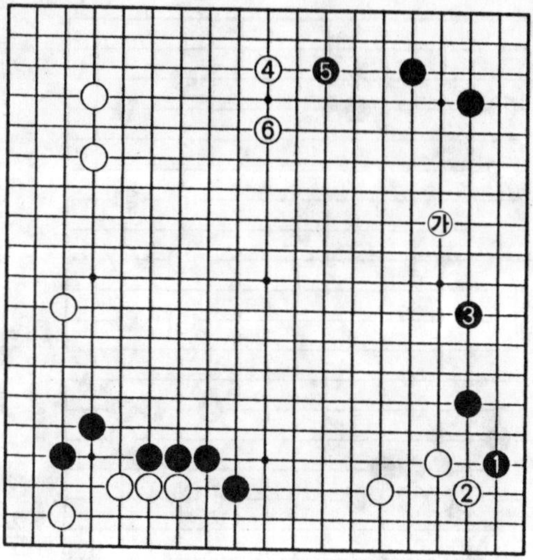

1
도

1도

기본도의 수순을 생각해 보자.

기본도 흑3에서는 본도 우하의 흑1·3이 극히 평범하게 두는 정석이다. 흑의 우변의 모양은 우상의 굳힘과 3의 벌림이 관련되므로 자주 볼 수 있는 포석의 형. 이 후 가로 대비하게 되면 우변은 흑의 집이라 해도 좋을 정도이다.

그러나 이 포석에서는 상변의 큰 곳이 훨씬 컸다.

백4의 벌림은 우변의 흑의 모양이 확장되는 것을 제한할 뿐 아니라 좌상의 굳힘에서 이상적인 벌림이 된다. 그리고 흑5의 메움이라면 백6. 이것으로 좌상귀에서 상변, 다시 좌변의 벌림까지가 호응하여 백의 모양이 입체감을 가져온다. 흑이 모양이 확정집으로 변하면 우변의 흑집이 확정되어도 흑은 평평하고, 백은 골이 깊은 모양이 되어 백이 우세를 다지게 될 것이다.

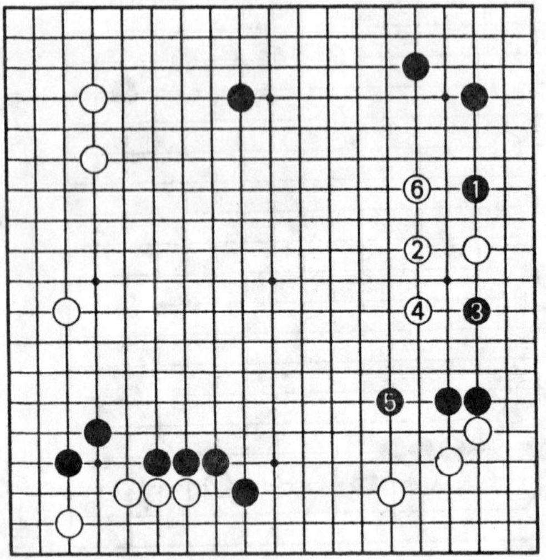

2도

2도

기본도에 이어 흑은 우상귀에서 1로 벌려메웠다. 백2로 뛰어 받는다. 이 수는 흑3으로 협공당해 근거를 잃을 것 같아도 백4·6으로 중앙에 진출하여 흑에게 공격당할 걱정은 없다. 오히려 백6의 뜀에서 우상의 흑 모양의 확장을 제한하고 있다.

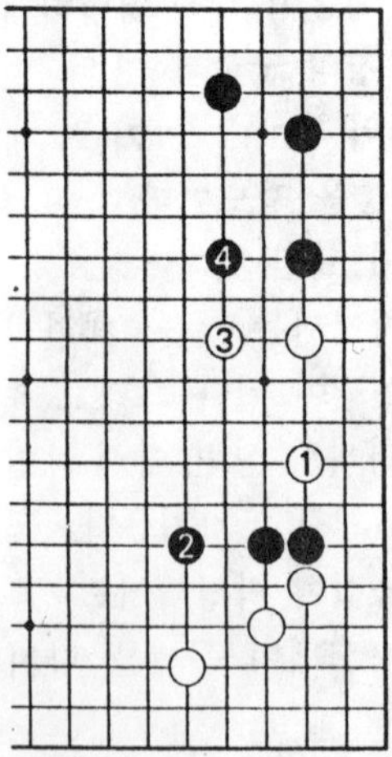

참고도

참고도

2도 백2에서는 본도 백1의 벌림이 보통이나, 흑2로 뛰어 흑은 공격당할 걱정은 없다. 흑4까지 우상의 흑 모양이 넓어진다.

제 2 장

구상력과 정석 선택

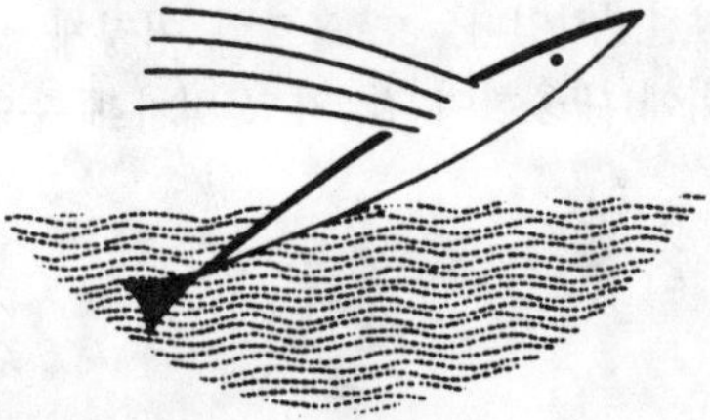

이 장의 포인트

정석은 귀에 생기는 변화 중에서도 쌍방의 돌의 기능이 호각으로 갈린 것이다. 따라서 정석만 알고 있으면 무사, 평온하게 싸울 수 있다고 생각하는 일이 많다.

그러나 정석이 호각의 갈림이 되기 위해서는 주변의 상황과 관련된 점을 잊어서는 안된다. 이것을 무시하면 호각일 정석이 한편으로는 불리해진다.

발상을 역전시켜 보자. 정석은 주변 상황이 먼저 있고 그 상황에 매치되는 호각의 변화로 생겼다는 것이다. 그러므로 정석의 수를 아무리 많이 알고 있어도 실전에 바르게 응용할 수 없으면 의미가 없다. 응용이란 주변 상황에 맞추어 정석을 선택하는 것이다. 때로는 정석에 없는 변화라도 정석 이상으로 작용하는 결과를 가져오는 일이 있다. 이것이 신정석이다. 이런 것이 구상력과 관련되는 것은 말할 것도 없을 것이다.

이 장에서는 주변 상황에 의해 어떠한 정석을 택하느냐, 정석 선택을 잘못하면 어떤 결과가 되느냐를 주로 아마츄어의 바둑을 제재로 설명하였다. 또 프로가 어떻게 정석을 생각하고, 새로운 변화에 대응하여 갈 지도 첨가해 두었다.

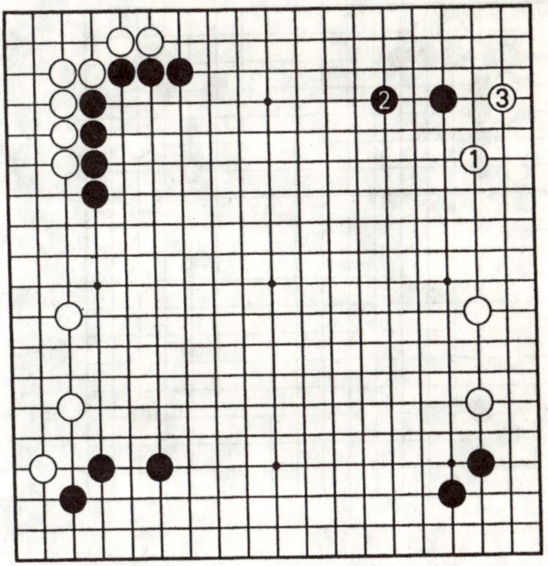

기본도

제 1 형

정석은 살아 있다는 좋은 견본

아마 초단끼리의 대국이다. 국면은 백의 실리, 흑의 벽으로 완전히 분리되어 있다.

우상귀 백 1 로 걸치고 3 의 미끄러짐을 두었다.

이 포석에서는 좌상의 흑의 벽이 초점이 되고 있다.

그런데 백 3 이후의 흑의 착상이 훌륭하였다. 아마츄어의 바둑에서도 자기나름의 구상으로 자유롭게 둘 수 있다는 좋은 견본이었다.

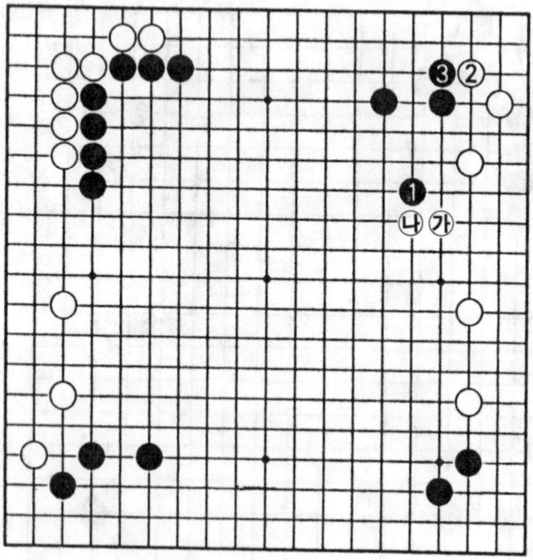

1도

1도

흑의 다음의 한 수는 눈목자. 이것이 멋진 느낌의 수였다.

상식적인 정석의 생각이라면 백2로 3·3을 차지하고, 흑은 집을 손해 보아서는 안된다고 생각하기 쉽다. 그러나 좌상의 벽과 우상을 관련시킨 경우, 귀의 실리보다도 중앙의 모양의 확대가 훨씬 큰 가치를 갖고 있다.

또 흑3 이후 백이 우변을 **가**로 지켰다 해도 이미 근거를 가진 우하와의 사이에 만들 집은 중복되어 있으므로 흑**나**로 중앙을 강화하면 충분할 것이다.

흑1이 훌륭한 호수인 것은 상변의 흑 모양을 넓히는 것과 우변의 백을 낮은 집으로 제한하는 일석이조의 의미를 갖고 있기 때문이었다.

이 바둑은 흑이 쉽게 이길 수 있었다. 승인은 귀에 구애되지 않고 흑1로 중앙을 넓힌 자유로운 구상에 있었다.

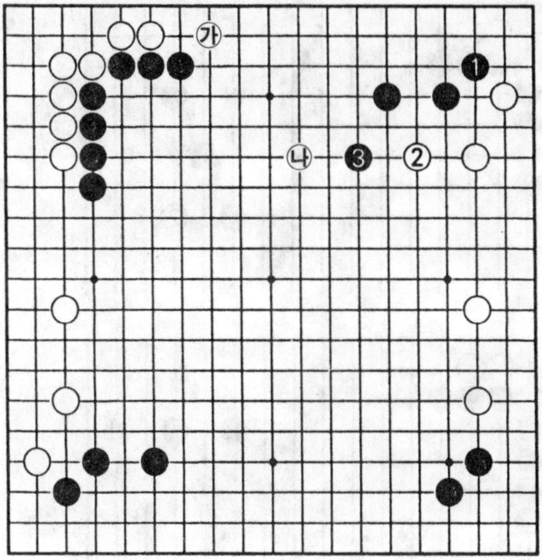

2 도

2 도

흑 1 의 받음은 정석이라도 이 국면에서는 둔한 수이다.

백 2 의 뜀이 절호점. 우변의 백 모양을 넓히고 흑의 상변의 모양을 제한하고 있다. 이어서 백 3 으로 다시 뛰면 흑 당할 수 없으므로 3 의 모자씌움. 쌍방의 모양의 중심점이지만 약간 '사후 약방문' 의 느낌을 부정할 수 없다.

흑 모양의 스케일은 전도에 비하면 아주 작다. 그것도 상변의 흑집이 빈 기슭으로 백 가 의 침입이 남아있기 때문이다. 즉, 이 후 백 나 부근에서 제거되면 중앙의 흑 모양이 없어지고 상변의 빈 기슭을 둘러싼 모양이 되기 때문이다.

그 의미에서 흑 1 의 정석은 국부에 구애되는 미지근한 수이다.

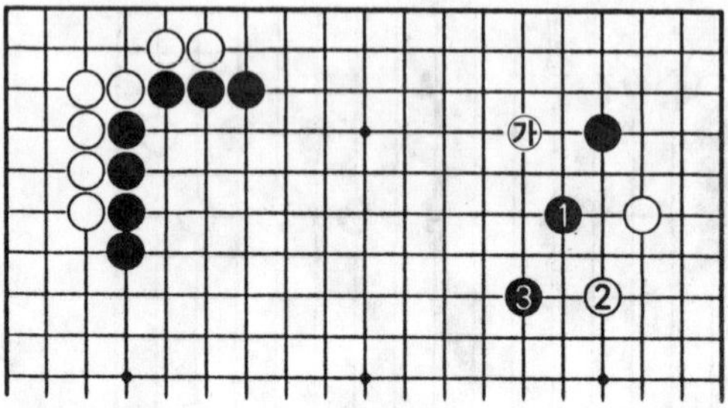

3도

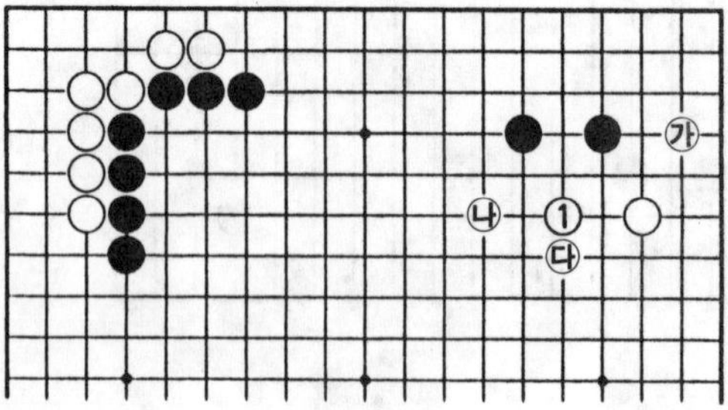

4도

3도

처음으로 돌아가 **기본도** 흑 2 (본도 **가**)의 한 칸 뜀의 받음에서는 본도와 같이 흑 1 로 모자씌움하는 수도 생각할 수 있다.

백 2 의 받음이라면 다시 흑 3 의 모자씌움이라는 요령이다.

원기가 좋은데 비해 좀 허리를 편 느낌도 있으나 아마 취향의 즐거운 구상이 아닐까.

4도

따라서 백은 **기본도** 3 (본도 **가**)에서 1 로 단순히 뛰는 것이 좋은 수이다. 흑 **나** 로 받으면 **2도**와 비슷한 갈림으로 돌아갈 것이었다.

즉 이 그림에서는 쌍방 모두 1 의 점이(흑의 경우는 그 한길 아래의 **다** 의 눈목자이지만) 요소였다.

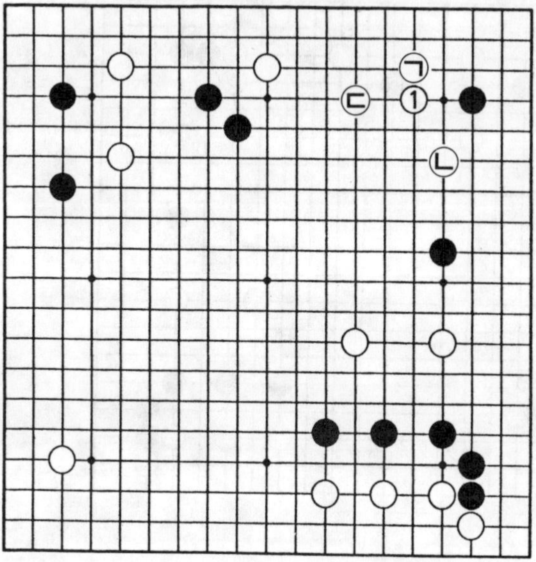

기본도

제2형

받는 방법으로 국면의 주도권은 변한다

아마 유단자끼리의 대국에서 뽑은 국면이다. 백이 상변 1로 걸쳐 왔다.

상변과 우변에 확실치 않은 돌이 있다. 상변의 흑 두 점, 우변의 백 두 점은 모두 뜬 돌이므로 우상의 싸움—— 정석——의 상황으로 싸움의 주도권이 달라질 것 같다.

흑은 어떤 구상을 그리면 좋을까. ㄱ, ㄴ, ㄷ 중에서 골라 보자.

1도

먼저 실전에서는 어떻게 진행하였는지 살펴보자.

흑은 1로 붙였다. 한 칸 높은 걸침의 기본 정석이다. 백 2

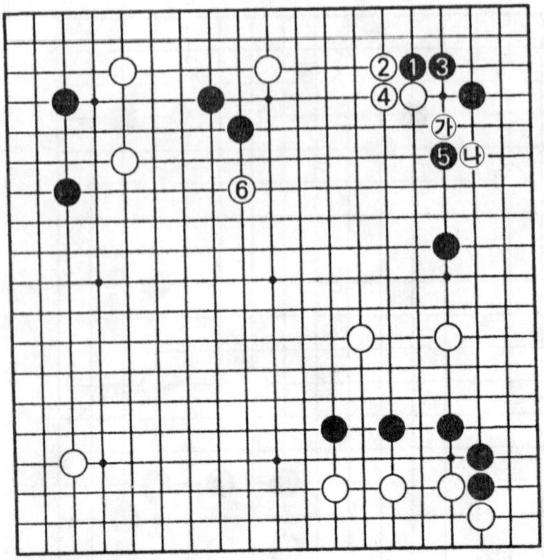

1도

· 4로 받으면 귀에 10집 이상의 실리를 확보할 수 있다. 또 백4 이후, 보통은 가의 마늘모 또는 나의 뜀이지만, 우변의 벌림을 살린 흑5의 날일자는 상당한 호수라 해도 좋을 것이다.

흑5까지 흑은 집 확보 작전으로써 돌을 활용시켰다. 그러나 이것으로 흑이 나쁘다고 해도 좋을 것이다.

흑은 귀의 실리에 구애되어 전국을 잊고 있었다.

백2 · 4로 우상이 강화되었으므로 백6의 공격이 엄해졌다. 이 후 흑이 상변으로 달아나도 백2 · 4의 벽에 부딪힐 뿐이다.

2도

1도의 예에서 우상귀의 백을 굳히는 것은 상변의 흑에 악영향을 준다는 것을 알았다.

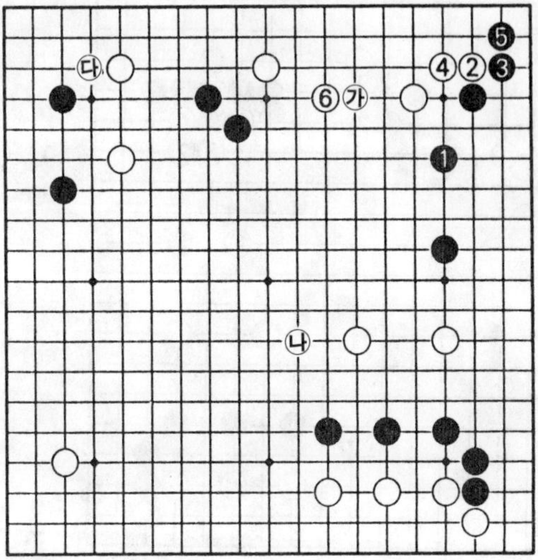

2도

흑은 귀의 집을 넓히기 보다는 상변을 쉬운 형으로, 우변의 백으로의 공격을 노리는 편이 훨씬 확실하게 형세를 유리하게 이끌어 갈 수 있다. 따라서 흑1로 조용히 받을 곳이다. 백을 굳히지 않고 우변을 경계하고 있으면 다음의 공격이 엄해질 것이다.

백2·4의 붙여당김에 흑5로 받아 둔다. 우상귀의 집은 전도에 비해 훨씬 줄었지만, 백은 우상이 약하므로 백6의 수비가 필요. 혹, 백6을 두지 않으면 흑가가 엄한 뛰어들기가 된다.

여기서 흑에게 선수가 돌아간다.

흑나의 모자씌움이 기분좋은 곳. 우변의 흑이 확실한 만큼 선제 공격에 기대를 걸 수 있다. 혹은 좌상귀 다로 마늘모붙임으로 경쟁해도 좋은 곳이다.

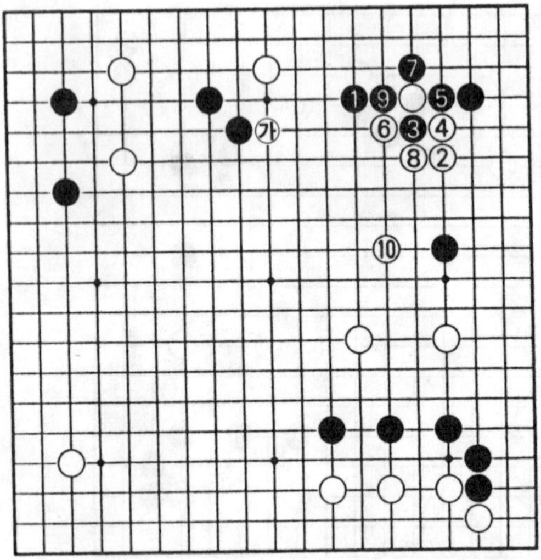

3
도

3도

흑 1 로 두는 것은 어떤가. 백으로의 가장 엄한 협공이다. 그러나 우상의 부분전으로써는 유력해도 상변과 우변에 근거가 확실치 않은 돌을 안고 있으므로 백에게 반격의 찬스를 주어 모처럼의 선제 공격도 초점을 잃을 불안이 있다. 전국적으로 보면 국부에 구애되고 있으므로 좋은 결과가 생기지 않는다.

당연히 백은 2 로 날일자해 올 것이다. 흑 3 의 붙여넣음에서 9 까지는 귀의 실리가 크지만 주변의 싸움은 그만큼 불리해진다.

백 10 으로 모자씌움하여 우변의 흑 한 점을 공격, 우하의 약한 백이 강화되어 백이 유리한 싸움이다.

또 상변의 백 한 점도 백 가 로 붙여 움직일 수 있고, 뜬 돌인 흑을 공격할 수 있다.

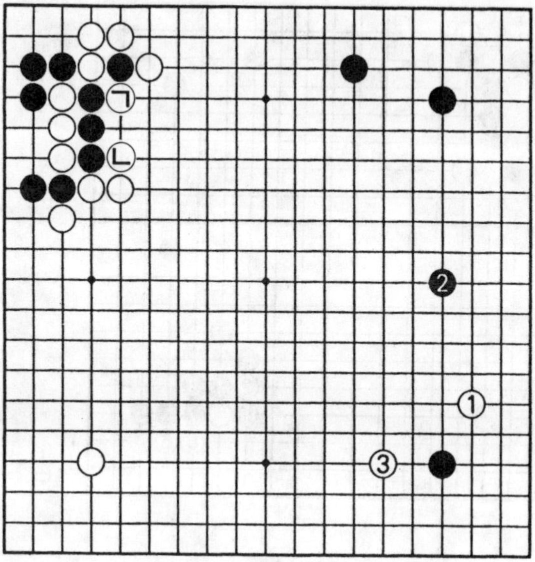

기본도

제3형

정석 선택에 나타나는 맞바둑과 접바둑의 차이

정석에는 접바둑 정석과 맞바둑 정석이 있다. 어디가 다른지를 생각해 보자.

지금부터 10년 전, 大平修三 9단(백)과 둔 바둑에서 백1의 걸침에 흑2로 협공, 접바둑에 잘 생기는 양걸침의 정석이 되었다.

이 후 흑이 어느 정석을 택하느냐가 문제이다. 혹 패가 생기는 형이 되면 백에게 ㄱ, ㄴ의 큰 패세움이 있으므로 흑은 피하지 않으면 안된다.

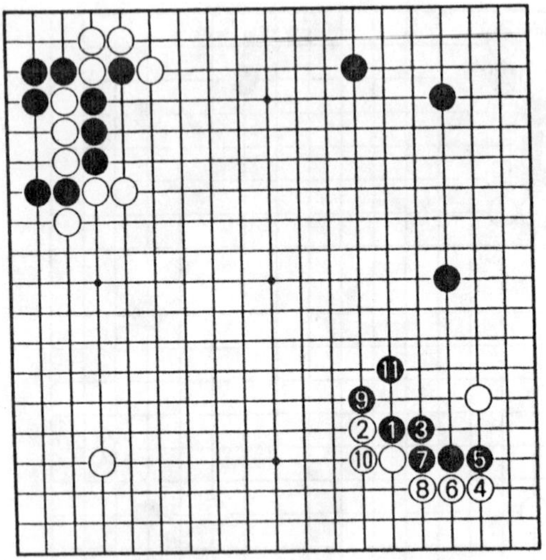

1
도

1도

흑 **1**의 붙임은 우변의 백을 공격하는 정석이다.

백 **4**의 3·3에서 흑 **11**까지로 일단락. 접바둑에서는 우변의 모양이 결정되어 흑이 알기 쉬운 분리로써 권할 수 있다. 그러나 실은 흑이 둔한 분리이다.

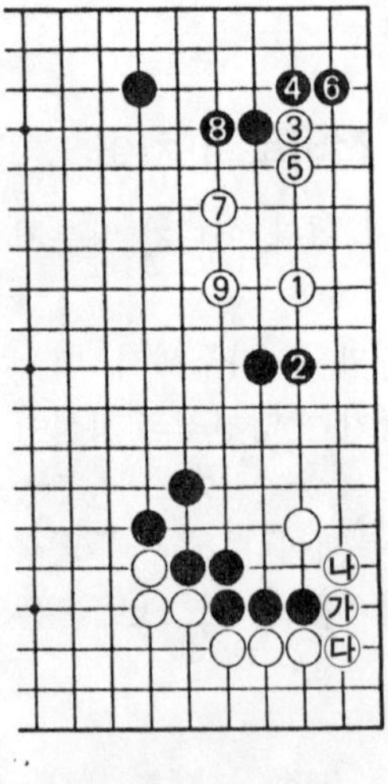

참
고
도
1

참고도 1

우변의 흑 모양은 백 **1**에서 **9**까지의 침입으로 쉽게 망가뜨릴 수 있다. 우하의 흑집은 백 **가**, 흑 **나**, 백 **다**로 젖혀이어 작은 집. 맞바둑에서는 흑이 불충분하다.

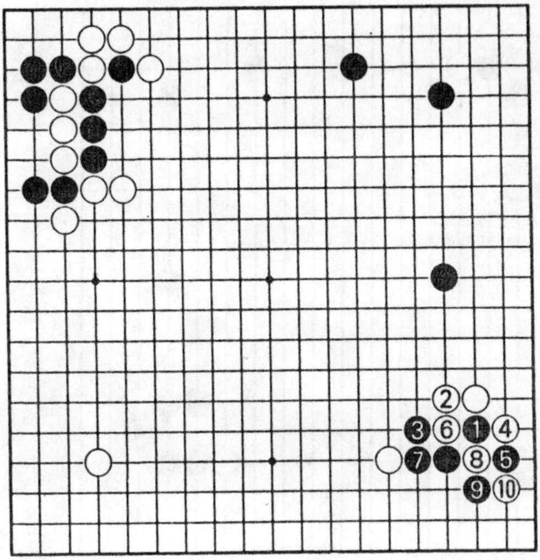

2도

흑1 이하정석에는 백10 강수가 있다.

참고도 2

백1에 이어 좌상에 패세움이 있고 흑은 8까지로 그르칠 수밖에 없다. 이 결과는 백가로 우변의 흑이 공격당한다.

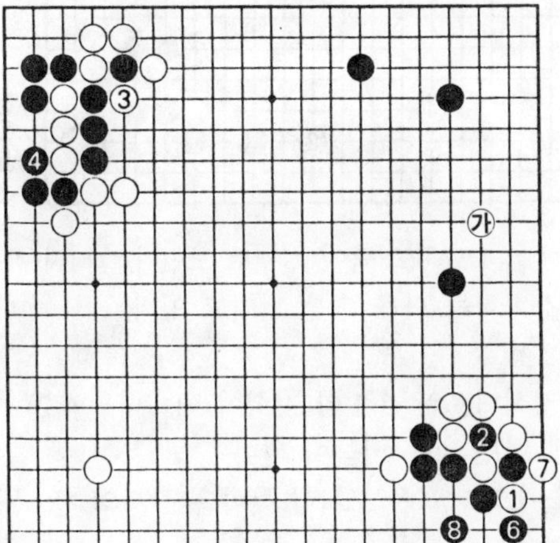

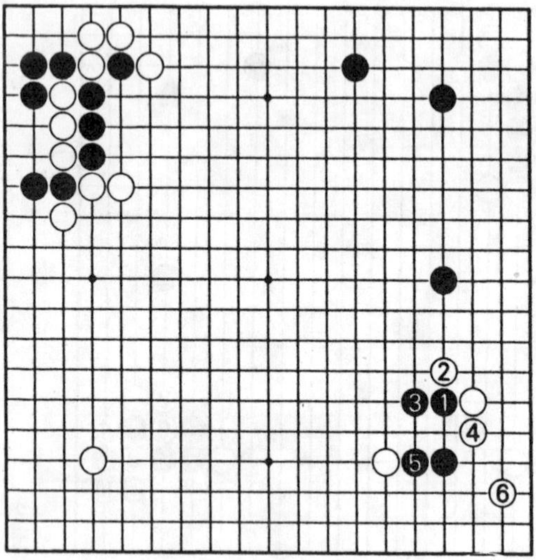

3
도

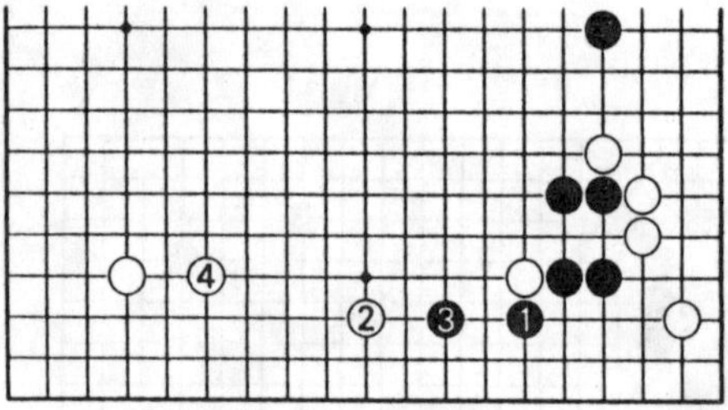

참고도 3

3 도

실전에서 둔 것은 흑 1 · 3 의 붙여뻗음이었다. 백 6 까지, 협공으로 공격하려는 우변의 백을 수습하고 흑이 실패로 보인다. 그러나 흑은 중앙과 우변을 강화하는 다음 수를 노리고 있다.

참고도 3

흑의 다음 수는 정석대로의 흑 1 의 젖힘이 아니다. 백 2 · 4 로 하변을 군히게 히면 넓은 바둑이 된다.

흑 1 은 수비의 수이므로 흑은 모처럼 찾아온 공격의 찬스를 잃고 있다.

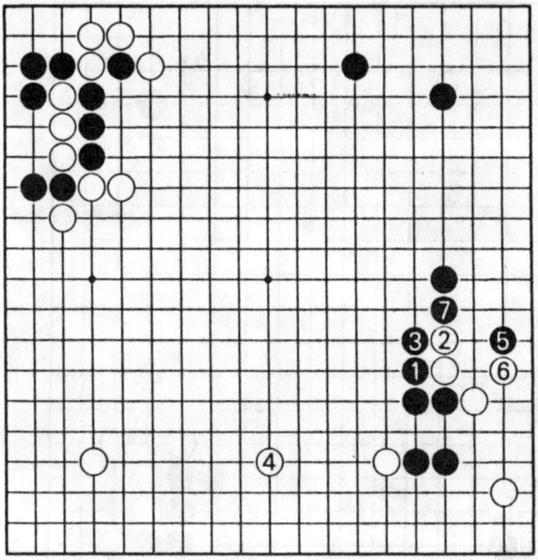

4
도

4도

흑 다음 수는 1의 꺾음에서 3으로 밀어 백의 중앙 진출을 막는 것이다. 이 후 4의 협공이 엄해진다. 그리고 백4의 수비라면 흑5·7로 우변을 굳힌다. 흑5가 급소의 맥으로 우변이 스케일이 큰 튼튼한 모양이 되었다.

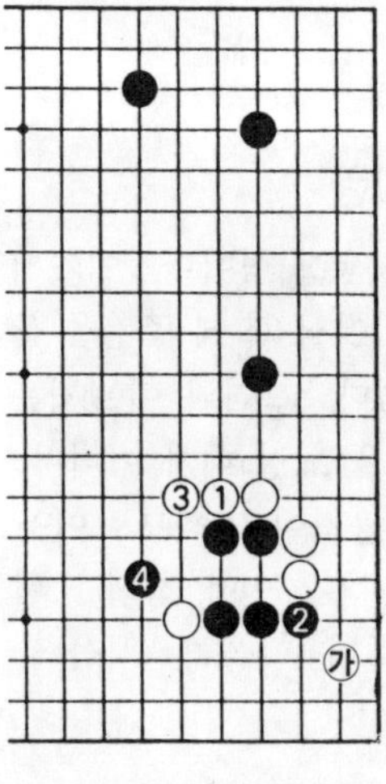

참고도 4

참고도 4

이것은 3도의 정석의 변화로 백 가의 미끄러짐을 1의 밀기로 하면 흑2가 근거를 갖는다. 흑4까지 흑이 유리한 분리라 할 수 있다.

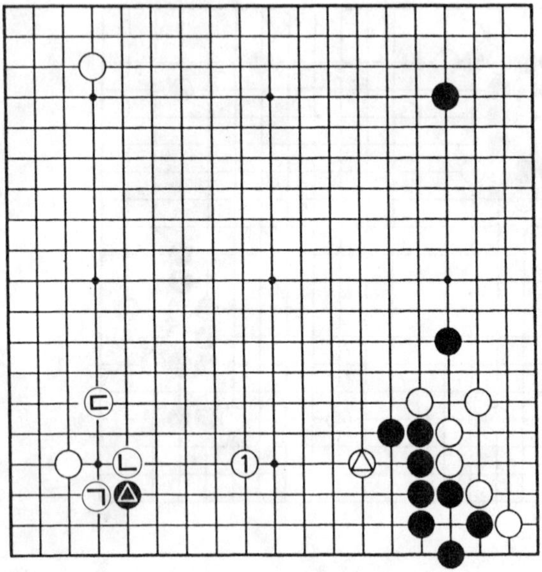

기본도

제4형

백의 약점을 찌르는 적극 전법이란

우하는 두 칸 높은 협공의 정석에서 생긴 형이다. 여기서 백은 1로 두고 좌하귀의 ▲를 협공, 이어서 △에 조건을 붙여 우하귀의 흑을 잘하면 노리려고 하였다. 그러나 이 생각은 너무 욕심이다. 하변의 백은 약하고 흑을 노릴 때가 아니다.

흑이 수를 빼면 백ㄱ, 흑ㄴ, 백ㄷ의 공격이 엄하므로 이곳은 당연히 좌하귀를 움직일 곳. 여기서 흑은 어떤 정석을 택하면 포석으로 우위에 서는 구상을 그릴 수 있을까. 백을 놀라게 할 적극 전법이 필요하다.

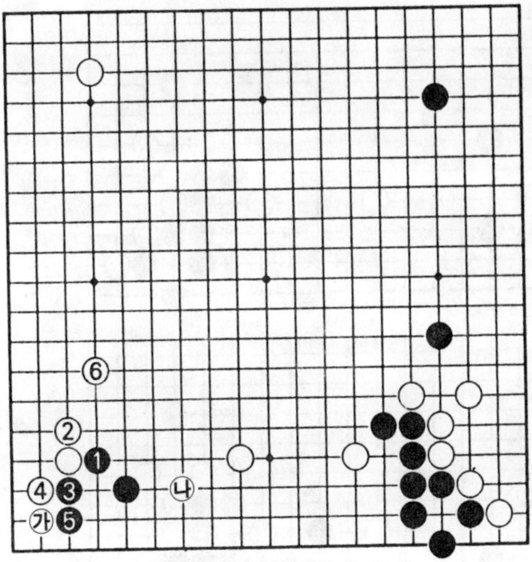

1
도

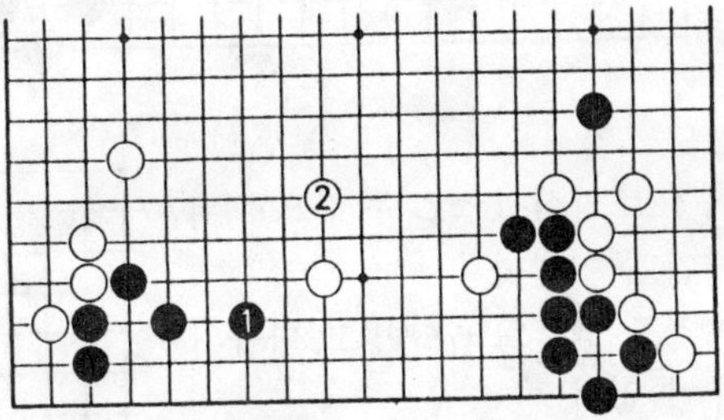

참고도
1

1 도

흑 1 의 마늘모 붙임에서 3·5 의 젖혀내림은 정석. 백에게 협공당하고 나서 빨리 수습하려는 자세이다. 다음에 백 가 라면 흑 나, 백 나 라면 흑 가.

그러나 이 흑의 방법은 너무 소극적이다. 백 6 까지로 백도 안정되고 초점이 어긋난 바둑이 된다.

참고도 1

이어서 흑 1 로 메워 보아도 백 2 로 달아나는 정도로 박력이 없다.

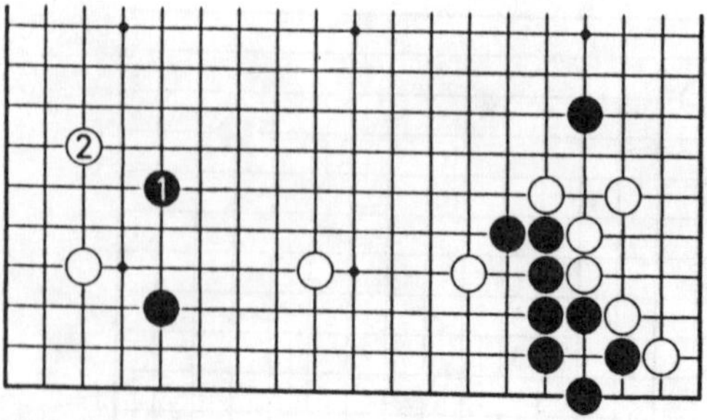

2도

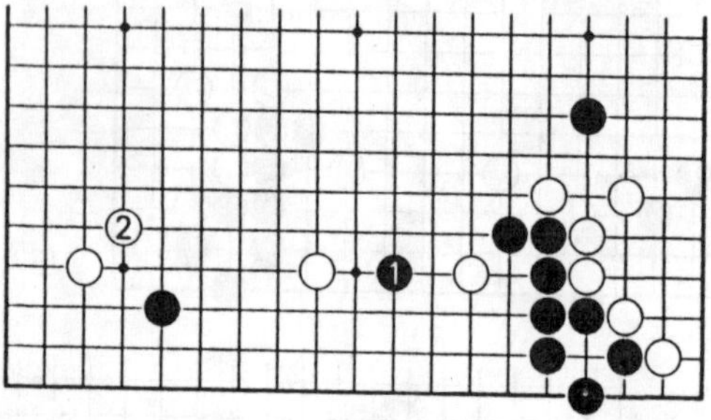

3도

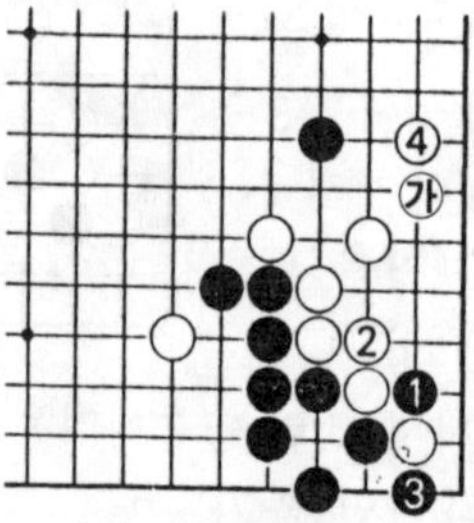

참고도 2

2도

흑 1로 상식적으로 두 칸으로 뛰어나가면 어떨까.

이것도 백 2로 주고받고, 다음의 착수가 없다.

3도

흑 1로 좁은 곳에 뛰어든 것은 방향 착오. 백 2로 견실하게 마늘모 하여도 흑 숨이 끊어지는 느낌이다.

참고도 2

우하귀의 흑은 흑 가에서 살리는 의미도 있으므로 바로 두지 않지만, 1에서 3의 맞물림을 선수로 두어 단단한 곳이다.

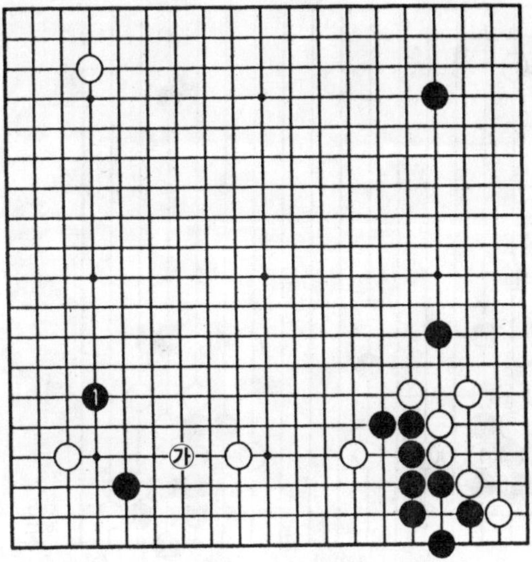

4
도

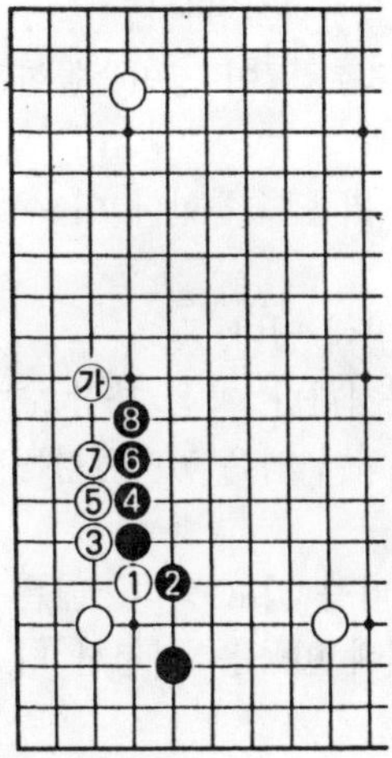

참
고
도
3

4도

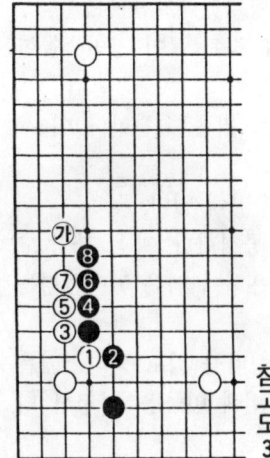

하변의 백은 세 칸 높은 협공인데, 흑**가**의 날일자로 쫓기면 백이 약해진다. 혹 좌하의 흑이 강력한 벽이 되면 하변의 백은 한층더 위험이 더할 것이다.

흑은 여기서 1의 대사걸침이 엄한 공격의 정석이었다. 표적은 말할 것도 없이 하변의 백이다.

참고도3

백1 이하의 받음이 흑8까지의 벽이 생겨 하변의 백이 괴롭다. 백**가**로 둘 여유는 없을 것이다.

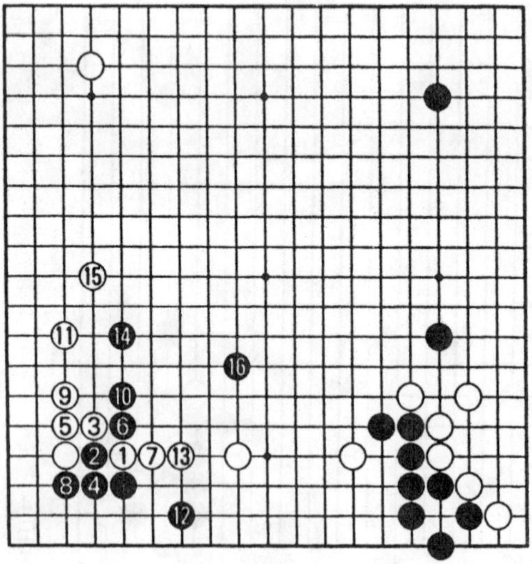

5
도

5도

좌하의 대사걸침에 백 1로 붙여 저항하였다고 하자.

흑은 기다리고 있던 만큼 2에서 6으로 끊어 정면충돌한다.

백 11로 좌변을 수습하고, 흑도 12로 귀를 수습한다. 이 후는 중앙의 싸움이다.

백 13은 흑 13의 붙임에 경계하는 수밖에 없다.

그러나 흑 14의 뜀을 살려 16으로 공격한다. 백은 분명 고전이다. 흑의 우하의 강력한 벽이 작용하여 백은 허덕거리는 모양이다.

1도와 같은 소극책에서는 흑이 결정타를 잃고 백의 넓은 바둑이 되는 것에 비해, 이 모양은 한번에 바둑을 결정한 만큼 흑의 공격에 박력이 있다.

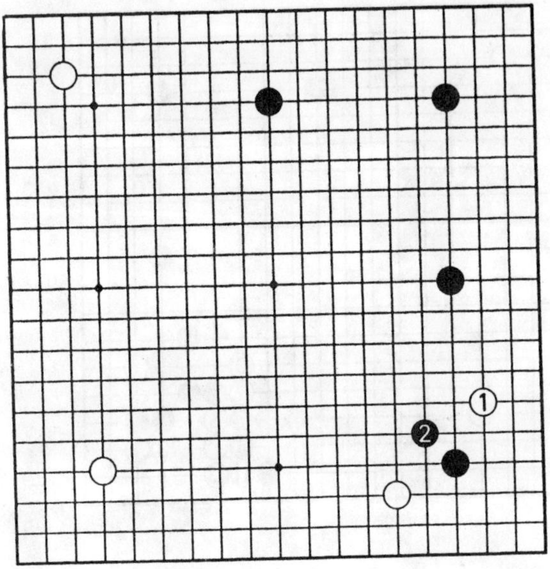

기본도

제5형

왜 흑2의 마늘모가 최선이었나

명인전 리그에서 白石裕 9단(백)과 대국했을 때이다.

백1의 양걸침은 접바둑에 자주 나오는 정석이다. 정석의 일반적인 해설로는 '약한 쪽에 붙여라'는 말대로 두면 되게 되어 있다.

그러나 여기서는 흑2가 최선이라 생각하였다. 그리고 흑2가 이 바둑의 포석을 알기 쉽게 리드하는 결정타가 되었다. 왜 흑2가 좋은가. 또 다른 정석에서 어떻게 되는가를 생각해 보자.

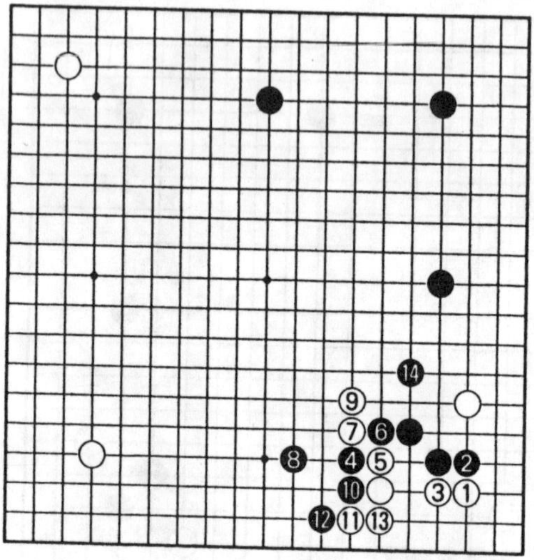

1
도

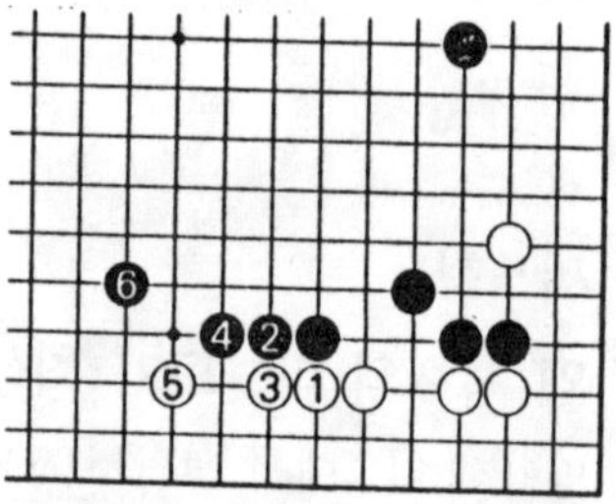

참
고
도
1

1도

기본도에 이어 백1로 3·3에 들어가 귀의 집을 빼앗으면서 우변, 하변 어느쪽을 수습한다.

흑2에서 누르지 않으면 안된다.

백5·7의 저항에는 흑8에서 14. 중앙의 백 두 점이 고립된다.

참고도 1

백1로 하변을 받는 것은 3·5로 기게 되어 괴롭다.

기본도는 백에게 이러한 집을 택하느냐, 혹은 1도의 싸움을 하느냐를 강요하고 있다.

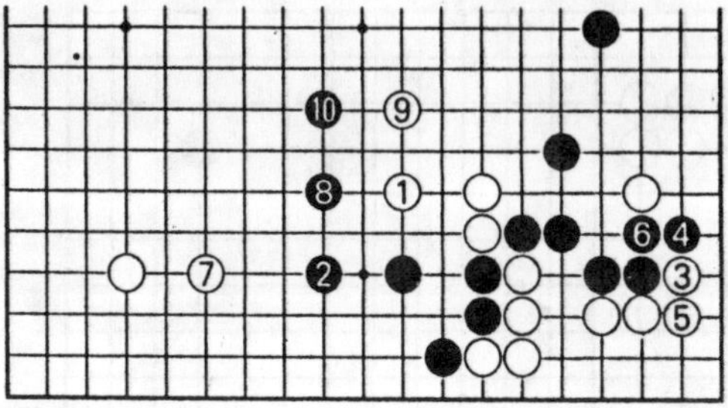

2
도

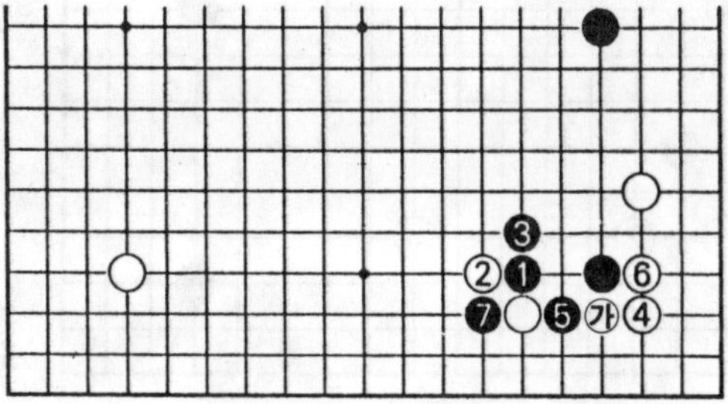

3
도

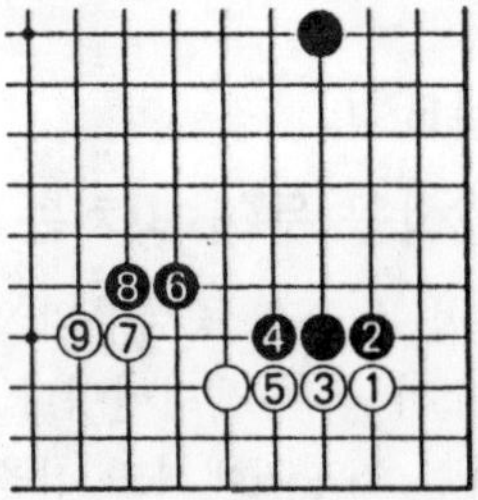

참
고
도
2

2도

1도에 이어 백1로 중앙을 움직여 하변의 흑으로 반격하려 하였으나 흑10까지 중앙을 공격당해 백의 괴로운 싸움이다.

3도

협공이 없는 쪽에 붙이는 정석이다. 흑5에서 6은 백가로 둔한 모양.

참고도 2

기본도 백1의 양걸침은 바로 백1로 3·3으로 들어갈 곳이었다. 흑2에서 우변을 넓히고 집과 모양의 대결이 된다.

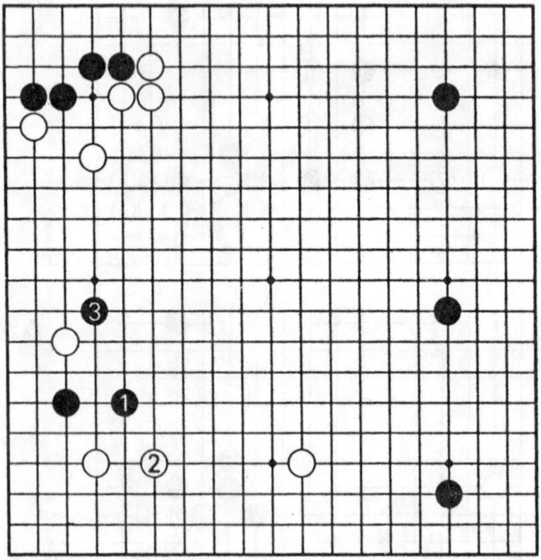

기본도

제6형

정석을 두어 망치는 일이 있다

우변은 흑의 중국류의 포석. 좌변은 상하로 백의 세력이 있어 소위 백의 세력권이다.

흑은 좌상귀에서도 집을 벌고 있으므로 백의 세력은 점점 강화된다고 판단되지 않는다.

흑 3 으로 걸친 것은 정석. 백의 모양을 좌변에 작게 한정하려는 구상일 것이다. 그러나 좌상과 하변의 세력을 생각하면 위험한 수이다.

흑의 의도와 백으로부터의 반격의 수단은?

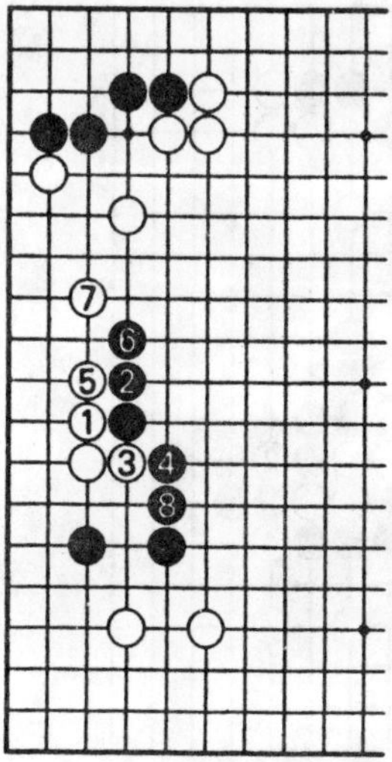
1
도

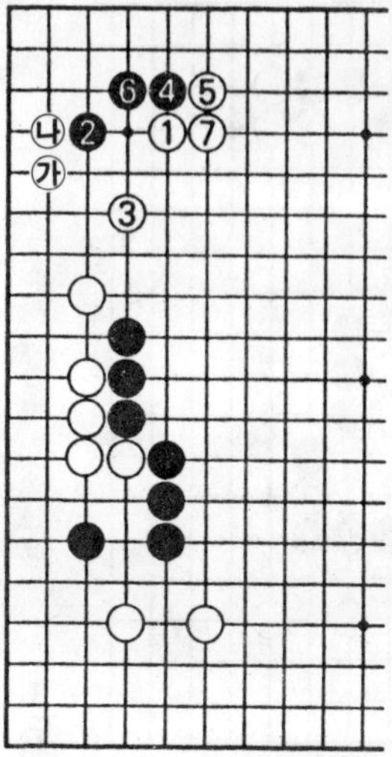

2
도

1도

기본도의 표적은 백1 이하 흑8까지. 이것은 좌변의 백집이 작고, 백은 세력이 이분되고 있다. 흑은 좌변의 백의 세력 분야에 털썩 주저앉았다. 좌상귀의 흑집 십 집, 그리고 우변의 포석은 손대지 않고 남아 있다.

2도

좌상의 모양이 생긴 수순이다. 백1의 고목에서 7까지는 정석. 이 후의 백가, 흑나를 살리고 있다.

그런데 좌변의 모양이 정해진 후, 백1 · 3과 같은 수를 둘 것이다. 백은 집을 뺏기고 벽은 상변에만 산다. 즉, 좌변과 좌상의 정석은 모순된 기능을 갖고 있다.

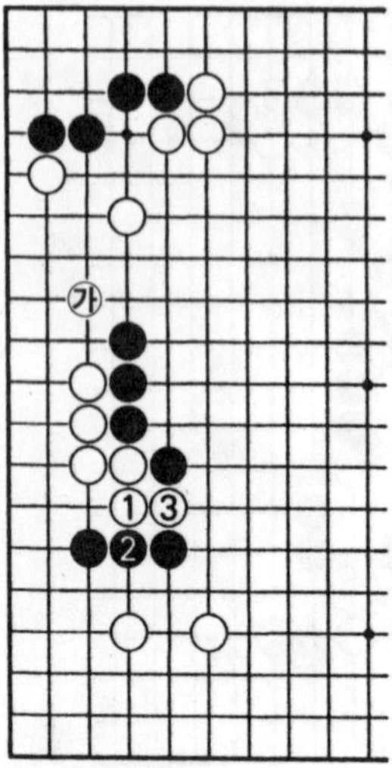

3
도

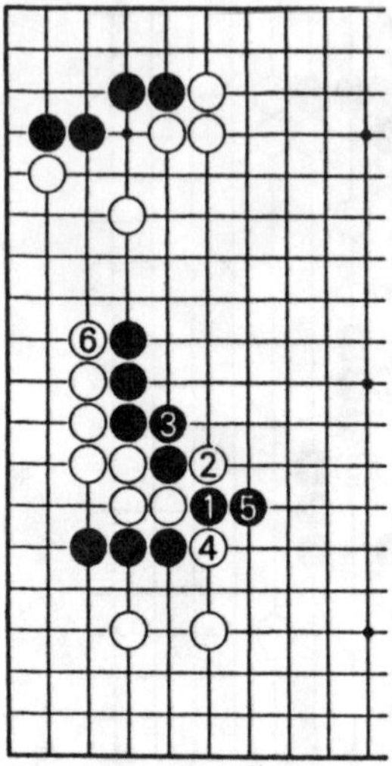

4
도

3 도

1 도 백 7 에서 백 가 의 받음으로는 흑 불리.

백이 좌상과 하변의 세력을 살리기 위해서는 강한 수가 필요하였다.

백 1 · 3 으로 흑의 벽을 추궁하는 것이 이 경우의 강수. 흑의 돌을 상하로 분단하면 주변을 굳히고 있는 백의 세력이살아난다.

4 도

전도 후, 흑은 1 로 누를 수밖에 없다.

흑 1 에서 4 로 늦춰 백 1 로 흑을 상하로 분단한 모양이 되면 흑이 공중 분해해 버릴 것이다. 백은 2 · 4 로 흑을 절단하고 나서 백 6 으로 좌변을 살리면 된다. 이것으로 좌변의 흑은 세 개로 분열되므로 전부를 살리는 것은 큰일. 이 후는 어떻게 변화하여도 백이 유리해질 것이다.

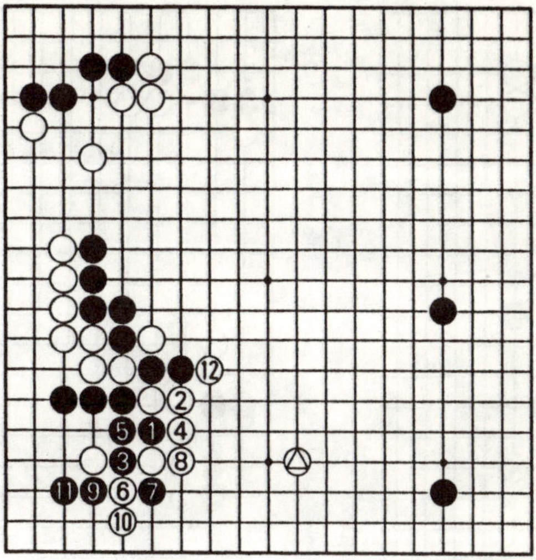

5
도

5도

전도에 이어 흑은 좌하의 세 점을 살리는 것이 선결.

백은 4 · 6으로 받고, 귀를 건져 백 12까지 중앙을 제압한다. 흑의 독선을 추궁한 백의 강행책이 적중하였다.

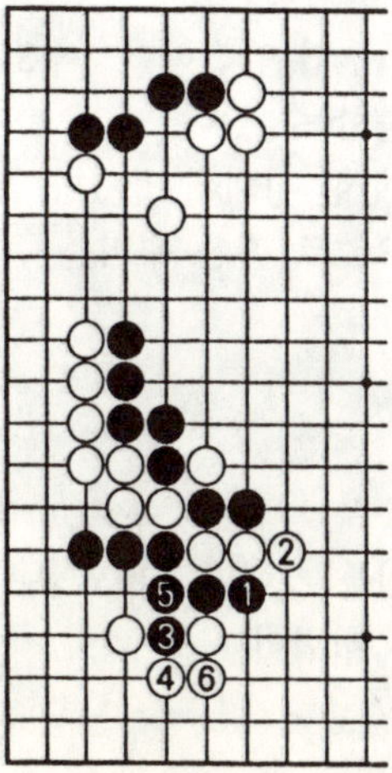

참고도

참고도

전도 흑 3에서 흑 1로 나오고 나서 3으로 두는 것은 백 4 · 6으로 받아 흑 전체를 노린다. 5도의 하변에 벌린 △가 흑의 공격에 도움이 되므로 흑에게 괴로운 싸움이 눈에 보인다.

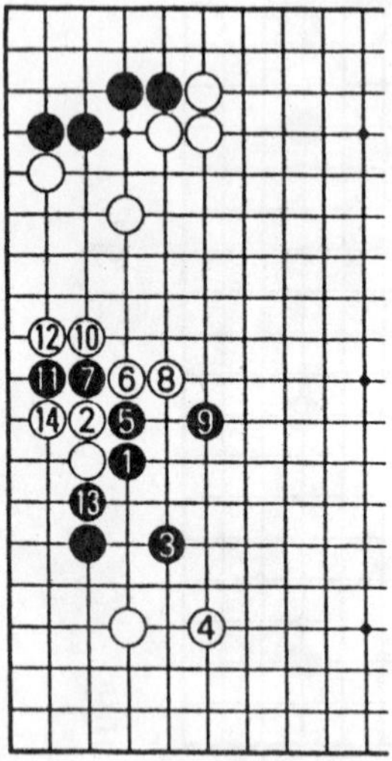

6
도

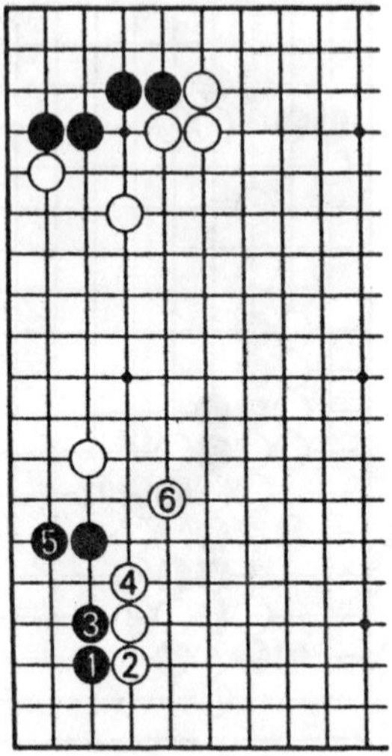

7
도

6 도

기본도 흑1은 본도 흑1의 붙임부터 두면 안전하다. 흑3에서 백14까지 견고하게 중앙으로 진출할 수 있다.

기본도는 백에게 반격되어 오히려 위험한 상태에 몰렸다. 좌상, 하변에 백의 세력이 분발하고 있으므로 흑은 수비를 주로 하는 정석을 택하지 않으면 안된다.

7 도

흑1의 3 · 3도 올바른 선택이었다.

백2에서 3이라면 흑2로 기어 흑 충분. 백2로 누르고 백6까지 하변에서 좌변에 걸친 모양을 만들 것이다. 이 모양은 스케일이 크지만 집으로 하기 위해서는 결함이 너무 많다.

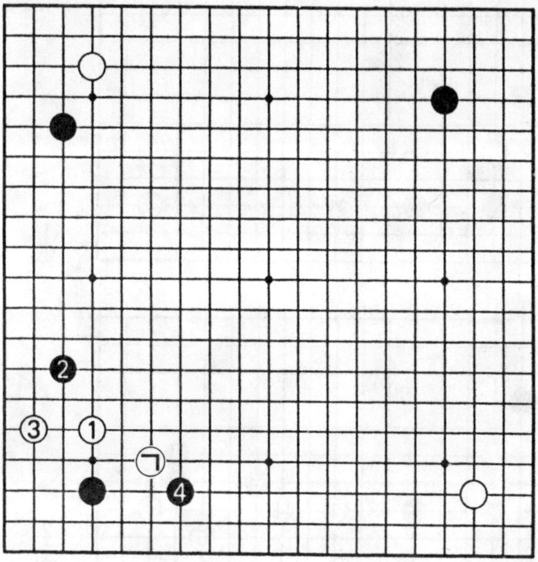

기본도

제7형

왜 흑4의 신형을 택하였나

주변의 상황으로 정석을 고를 수 있다면, 아마 고단이라 해도 좋을 것이다. 프로는 그러나 그것만으로는 만족할 수 없다.

정석이라고는 해도 항상 최선의 모양이라고는 단정할 수 없다는 판단을 프로는 갖고 있다. 국면에 맞는 수, 구상을 만족시키는 수는 없는지 항상 추구하고 있다. 거기에 신형 정석이 생겨나는 원동력이 있다.

石田 9단과의 일국. 좌하귀 한 칸 협공의 변화에서 흑4의 두 칸 벌림이 신수였다. 정석은 ㄱ 이다. 왜 흑4로 벌렸는지를 생각해 보자.

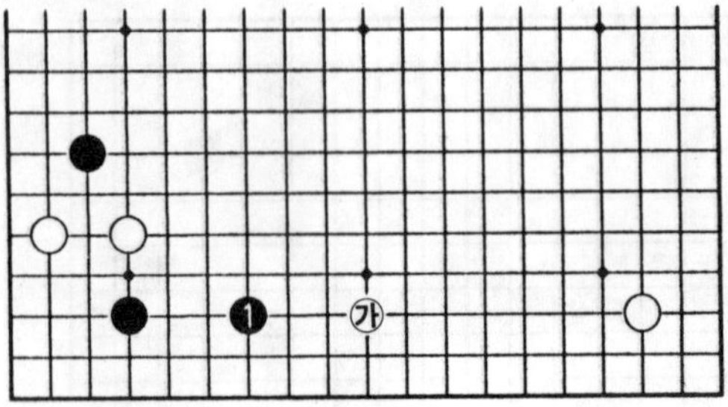

1
도

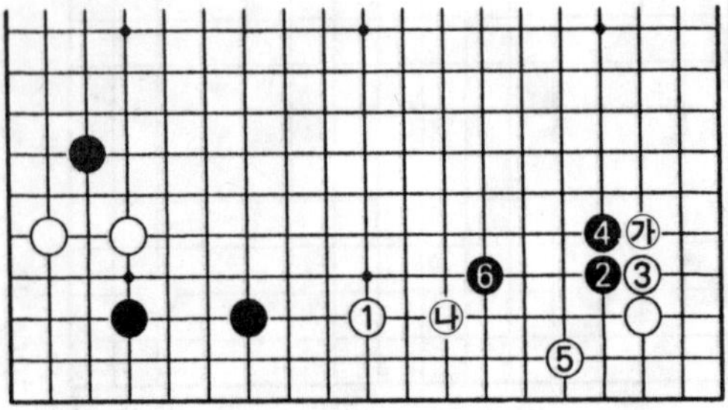

2
도

1도

흑 1 의 두 칸 벌림은 좌하의 백을 공격한다는 의미에서는 박력이 없다. 돌이 집에 치우친 때문이다.

그러나 흑의 목표는 좌변의 싸움만이 아니다.

흑 1 은 다음에 **가** 의 방면에 벌리는 수를 공배로 하였다. 우하의 백이 조촐하게 안정하고 있으므로 **가** 로 두어도 소용없다는 것이다.

2도

하변에 흑이 벌려도 소용없다는 것은 반대로 백이 두어도 가치가 적다는 것이 된다.

백 1 이라면 흑 2 에서의 압박이 적시. 흑 6 후 **가** 의 누름과 **나** 의 분단이 대응이 된다.

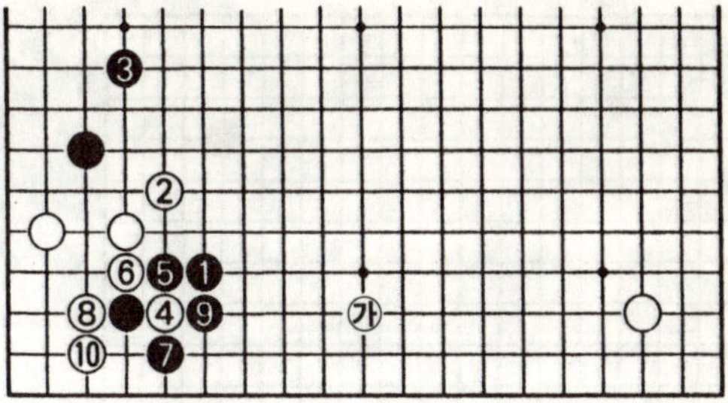

3도

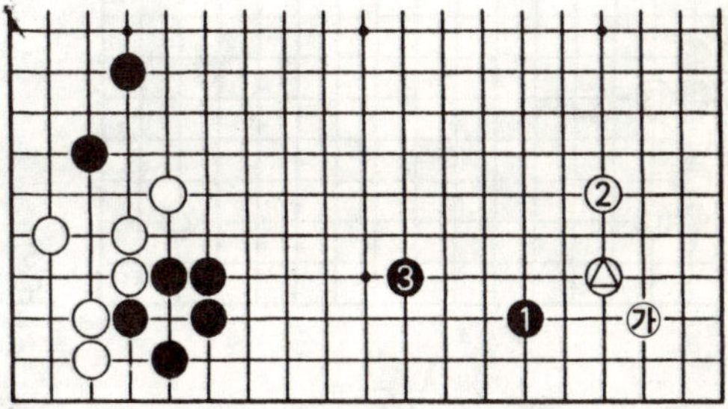

4도

3도

이제까지 두던 것은 흑1의 날일자였다. 백은 2의 마늘모로 중앙으로 달아나고 흑3으로 좌변을 굳힌다.

흑의 표적은 좌하의 백을 공격하면서 좌변을 모양으로 만들려는 것이다.

그런데 백은 4의 붙여넣음에서 10까지로 귀에서 수습할 수 있고, 흑은 하변에 생긴 세력을 발전시키기 어렵다. 가로 벌리는 것은 공배이기 때문이다.

4도

흑 우하 △가 화점의 위치라면 좌하의 모양에서 흑1·3이 호형일 것이다. 귀에는 이 후 가의 3·3 뛰어들기가 남아 있다.

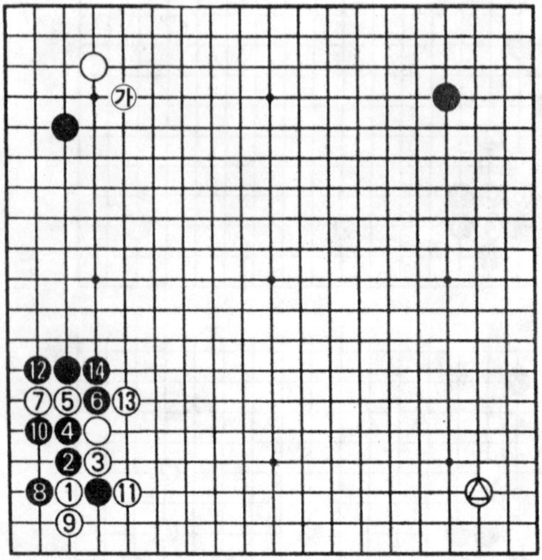

5도

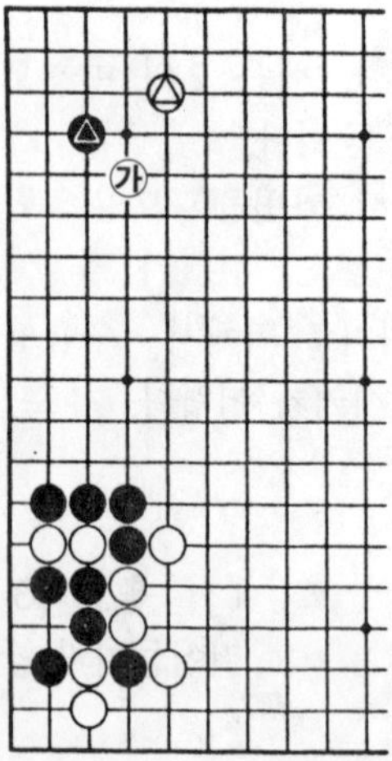

참고도

5도

기본도로 돌아가 본도 백 **1**로 붙이는 정석은 이 국면에서는 취하지 않는다. 흑**2** 이하 **14**까지 갈림이 되는 것은 흑이 환영할 곳. 좌상귀 흑**가**에서의 걸침이 있으므로 좌변의 흑 모양 폭이 충분하며, 우하귀 △가 3·3이기 때문에 하변의 백 모양은 기대할 수 없게 된다.

참고도

좌상귀가 △과 ▲의 위치라면 좌하귀의 정석은 성립한다. 백에서 **가**의 압박이 있기 때문이다.

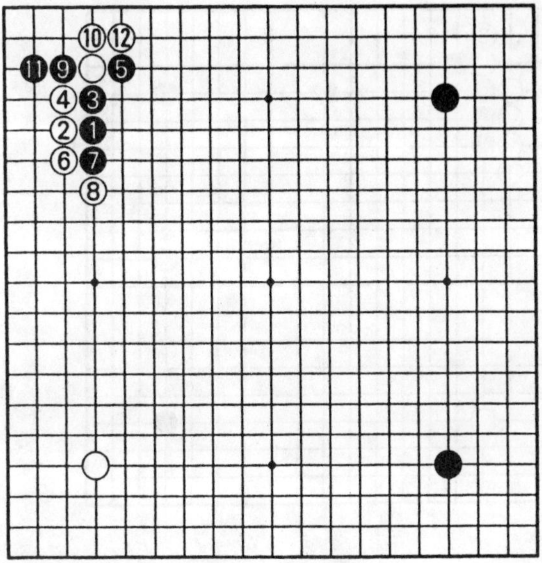

기본도

제8형

원시형으로 보는 내던짐형에서의 한 가지 연구

백2의 붙임에 흑3·5로 두는 내던짐은 현대의 유행 정석이다.

이 정석에도 많은 변천이 있었다. 그러나 기본적인 생각은 변함없다. 흑1·3·5로 내던지는 세력을 살려 우변의 포석과 관련시킨다는 것이다. 따라서 이 정석은 우변과 하변과의 관련으로 변화하고 있다.

이 바둑에서는 나도 좀 연구를 하였다. 그 연구가 사실은 내던짐형의 원시형이었다.

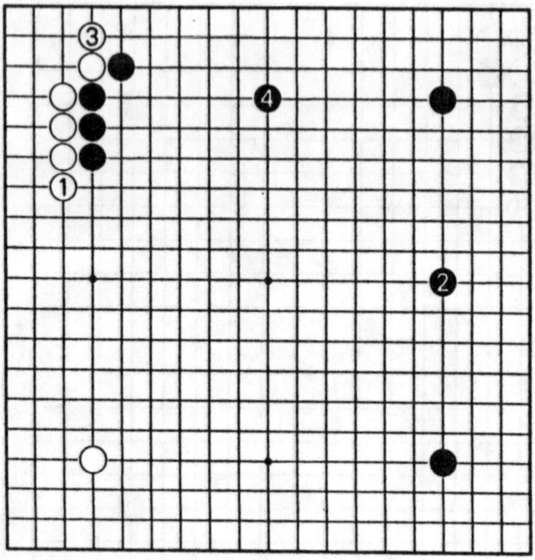

1
도

1 도

현재 내던짐형이 유행 정석으로 되어 있는 것은 우변에 2 연성이나 중국류 모양의 포석이 많기 때문이다.

일례는 **기본도**에서의 변화에서 좌상의 내던짐형으로 백 **1** 로 집을 버는 방법이다. 흑 **2** 로 3 연성을 깔고 백 **3** 의 수비에 흑 **4** 로 큰 곳을 차지한다. 이 분리는 부분적으로 보면 좌상의 백집이 흑 **4** 까지의 상변의 흑보다도 낫다. 흑은 빈 기슭으로, 게다가 약한 모양이다. 그러나 좌상의 흑의 세력이 우변에서 상변에 걸친 모양을 넓히기 위하여 도움이 된다고 생각한 경우, 이 포석은 흑 절대 우세라고는 할 수 없어도 흑을 갖고 싶다는 사람이 많을 것이다.

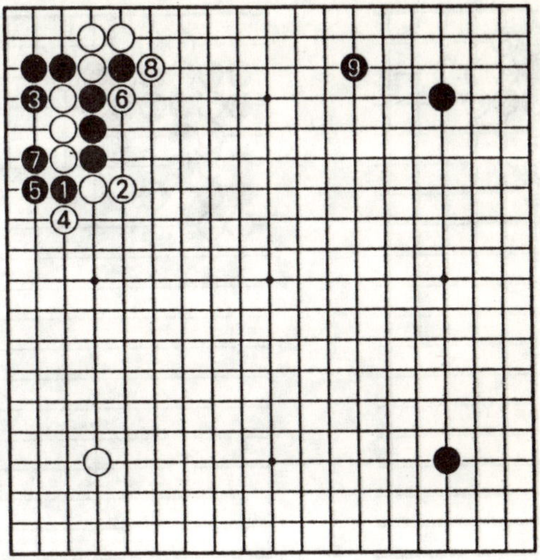

2도

2도

기본도에 이어 흑 **1**로 끊어 백의 받는 법을 보자.

백 **2**의 뻗음에서 **5**로 젖혀 저항하는 형도 있다. 혹 정석이 좌상만의 싸움이라면 그것도 유력할 것이다. 그러나 백의 목적은 귀의 집이 아니다. 백 **2**로 뻗고 좌변의 백 세 점은 버리고 중앙에 세력을 만드는 것이 흑의 내던짐형으로의 반발이다.

그런데 흑 **3**의 꺾음은 내던짐 정석의 원시형으로 백 **4** 후, 백 **6**·**8**로 흑 한 점을 빼게 하여 흑이 불리하다는 설도 되어 있었다. 그러나 나는 일부러 이 형을 택하였다.

어쨌든 백은 상변과 중앙에 벽을 만들고 우변의 흑 2연성의 세력에 저항하고 있다. 전도와 같은 흑의 큰 모양 작전은 이것으로 소멸, 흑은 좌상의 집, 우상의 집으로 계속 두게 된다.

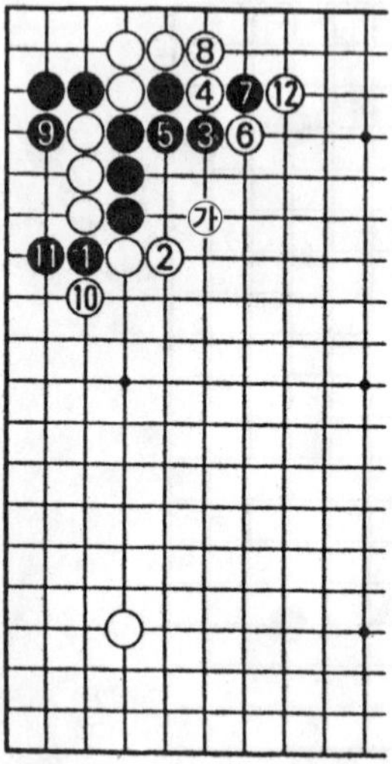

3
도

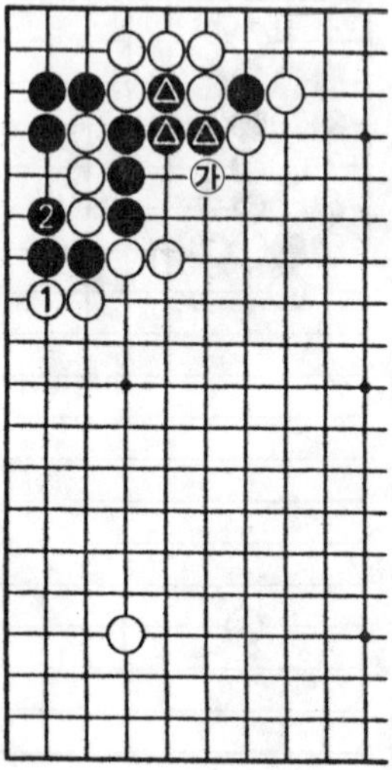

4
도

3도

백2의 뻗음에 이어 흑3의 걸쳐이음이 내던짐형의 결정판으로 되어 있었다. 백4 · 6으로 2단 기어올라 흑을 공격, 상변을 굳힌다.

흑9 · 11로 백 세 점을 따는 수밖에 없다. 흑9에서 가로 달아나는 것은 허사. 백12로 상변의 흑 한 점을 따고 여기서 정석은 일단락이다. 그리고 이 형과 전도의 우열이 문제가 된다.

4도

이 정석에는 두 가지 의문이 있다. 하나는 상변에 두고 있는 ▲ 세 점이 우형으로 기능이 없다는 것이다.

또 하나는 백에서 가 또는 백1의 봉쇄를 노리고 있는 점이다. 특히 백1의 누름이 좌변의 모양화에 도움이 될 때는 흑이 불만일 것이다.

따라서 나는 2도를 올바른 정석으로 보았다.

제 3 장

싸움의 구상

이 장의 포인트

이 장에서 의미하는 싸움은 접촉전이다. 싸움은 보다 좋은 위치를 차지하려는 포석과, 귀와 일국부에 한정된 정석을 둘러싼 싸움, 그리고 전국면을 리드하는 중앙의 싸움 등, 모두가 싸움의 요소를 갖고 있다. 그러나 무엇보다도 싸움다운 싸움은 접촉전이다. 접촉전에서의 우열은 그대로 전국에 영향을 미치기 쉽고, 그러한 강렬함이 있기 때문이다.

포석과 정석의 싸움도 물론 중요하다. 큰 곳과 공배를 잘못 두면 바로 형세에 손해를 볼 것이다. 또 정석의 선택을 잘못하여도 불리한 상황에 몰린다. 그럼에도 불구하고 상대에게 결정적인 타격을 입힌다는 점에서는 접촉전에 못 미친다.

이러한 싸움의 구상에는 항상 전국의 상황을 파악해 둘 필요가 있다. 공격과 수비의 입장을 판단하지 않으면 안된다. 싸움의 주도권을 잡고 그대로 누르기 위해서는 싸움의 찬스를 쥐고 결정적인 상대의 약점을 공격할 것이며, 반대로 상대의 공격을 참고 견디어 리드한다는 하나의 구상이다.

이 장에서도 아마추어가 틀리기 쉬운 패턴을 택하기 위해 아마추어 유단자의 바둑을 소재로 하였다. 프로다운 감각이 하나라도 몸에 배면 기력은 비약적으로 발전할 것이다.

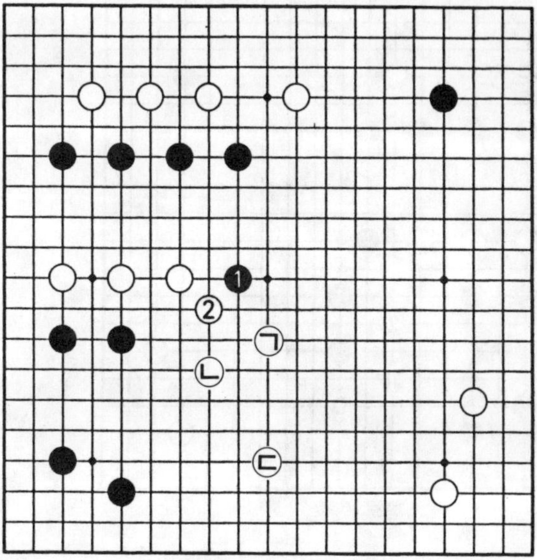

기본도

제1형

공격의 구상이냐, 수비의 구상이냐

세력이 길항하고 있을 때 선제 공격으로 싸움의 주도권을 쥐는 수가 있다.

흑1의 모자씌움은 선제의 펀치. 이 한 수로 백은 중앙으로의 진출이 막혔다. 흑, 백이 1에 두면 좌상의 흑으로의 공격이 되므로 백이 편한 싸움이었을 것이다.

흑에게 진출의 기회가 가로막히고 백2로 마늘모하는 것은 괴로운 모양이다.

다음이 문제이다. 공격을 계속하느냐, 아니면 백2의 굴복에 만족하여 큰 곳으로 돌리느냐, ㄱ·ㄴ·ㄷ 중에서 골라 보자.

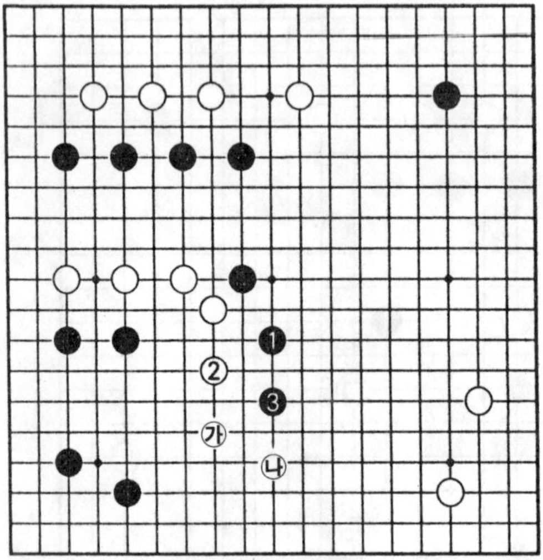

1
도

1도

흑은 공격을 계속하여 1 · 3으로 중앙에 세력을 쌓는 것이 좋다. 백은 공배를 달려 좌변을 살리는 수밖에 없다. 이 후 백**가**라면 흑 **나**의 추격. 흑의 세력은 전국을 제압한다.

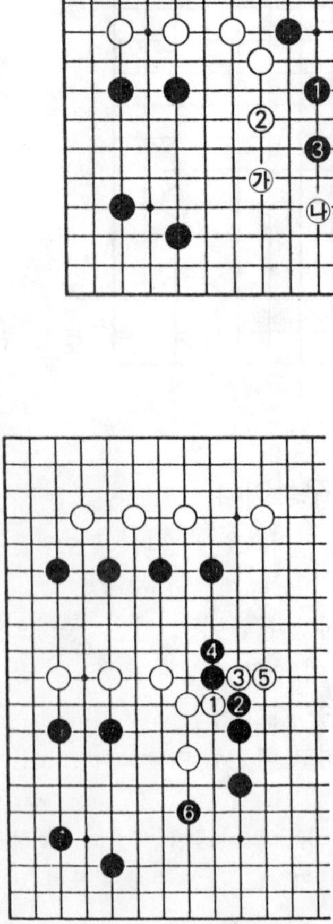

참고도 1

참고도1

1도 후, 백1 · 3의 반격은 흑4의 당김으로 둘 수 있다. 흑6으로 하변으로의 진출이 막히면 백이 힘들어진다. 백 무리일 것이다.

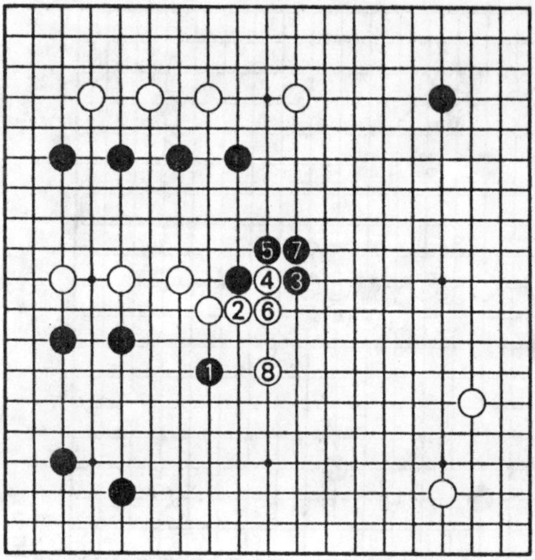

2도

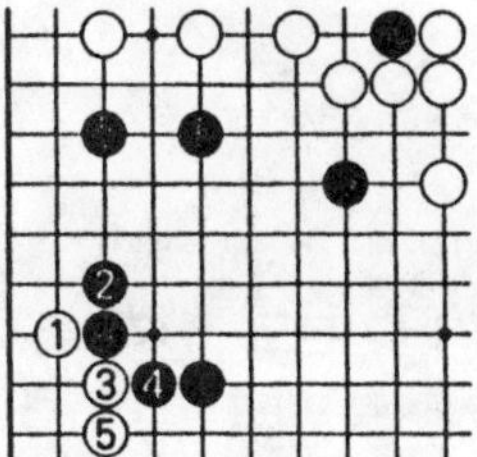

참고도 2

2도

흑 1 도 공격의 모양이다. 일견 좌하 방면을 크게 하여 좋은 공격의 구상같이 보인다. 그러나 이것은 방향이 틀렸다. 백 2 로 중앙에 진출하게 하여 공격이 좌절된다. 위쪽의 흑에게도 약점이 있으므로 흑 7 까지로 지키는 정도일 것이다. 백 8 에서 쉽게 달아났다. 흑 1 은 좌하의 흑집을 굳히는 역할도 못한다.

참고도 2

좌하의 흑집에는 백에게 여러 가지 수단이 있어 흑은 집을 정리하기 힘들다.

백 1 의 붙임에서 5 까지의 삶은 흑집을 망친 일례이다. 2 도 흑 1 은 너무 넓고 반대로 어깨가 둔한 모양이 되었다.

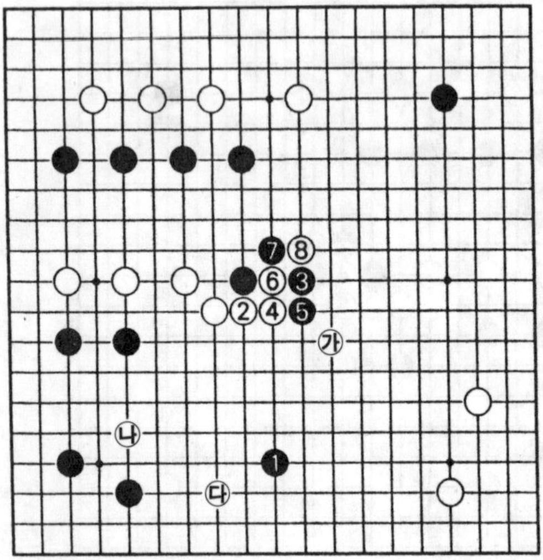

3
도

3 도

흑 1 (기본도 흑ㄷ)은 큰 곳. 우하의 백의 세력을 없애는 기능도 갖고 있으므로 큰 곳으로서는 일급품일 것이다. 또 좌변의 백을 공격하려고 하는 경우에 도움된다. 그러나 지금 중앙은 한창 격렬하다.

백 2 의 밀기가 절호점. 흑 3 에서 4 는 백 6 의 끊음, 흑 3 · 5 의 공격에는 백 6 · 8 의 반격이다. 이렇게 되면 공격해야 할 흑이 반격당하는 형, 주객전도이다.

또 흑이 싸움을 피해 흑 5 에서 6 의 점에 잇는 것은 백가로 날일자하여 중앙으로 세력을 만들고, 다음 백 나 의 제거와 다의 뛰어들기를 노리게 될 것이다. 안의 백이 강해지면 하변의 흑이 약해져 백에게 자유자재의 수단을 노리게 만든다.

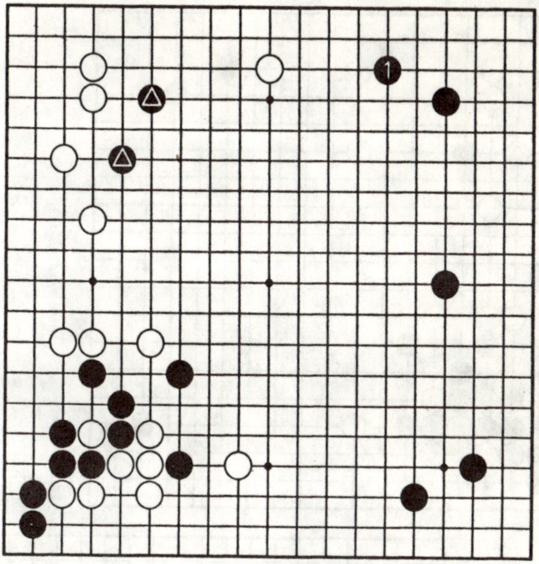

기본도

제2형
좌상의 흑을 공격하는 다음의 착안은

加藤正夫 9단(흑)과의 대국이다.

흑은 좌상의 백 모양을 없애고, 그 도중에 우상을 흑1로 굳혔다. ▲ 두 점을 가볍게 보고 상변의 백 한 점의 움직임을 보면서 수습하려는 것이었다.

흑1은 우변의 흑 모양을 굳히는 의미에서도 절호점이다. 이 후 백은 좌상의 흑을 공격하지 않으면 흑을 편하게 만든다. 우선 그 공격의 착점을 생각해 보자.

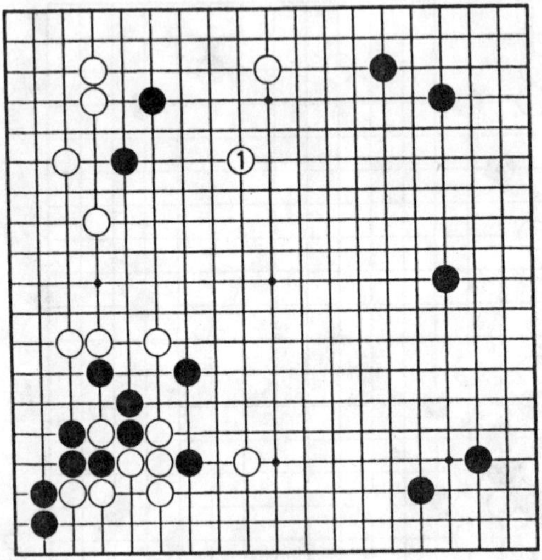

1도

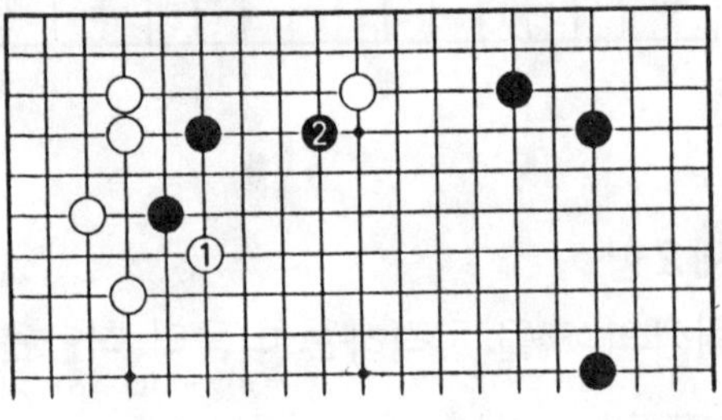

참고도 1

1도

백 1의 눈목자가 그 한 수. 불즉불리(不卽不離), 내가 좋아하는 수이긴 했다.

좌상의 흑 두 점은 버릴 수 없다. 흑이 백의 포위망 속에서 애태우느냐, 활로를 찾아 탈출하느냐가 앞으로의 문제이지만 어쨌든 백은 중앙에 세력을 만들어 백 페이스의 싸움으로 할 수 있을 것이다.

참고도

백 1의 공격은 안된다. 흑 2로 상변에 의지하면서 달아날 수 있을 것 같다.

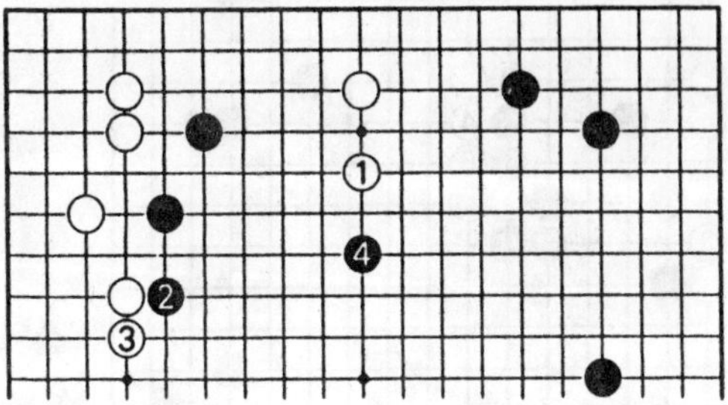

2
도

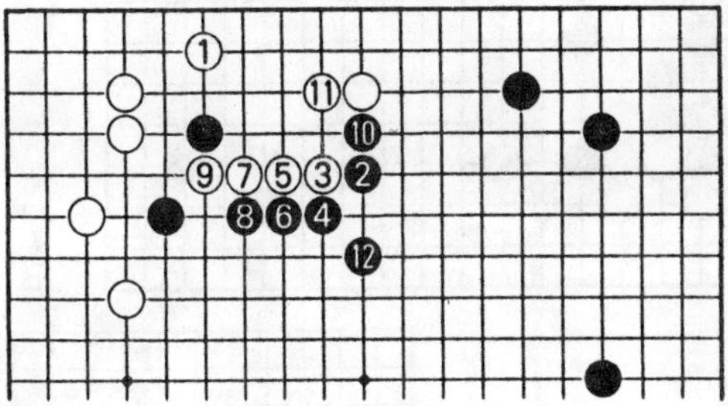

3
도

2도

기본도 후, 상변의 백이 강화되면 좌상의 흑이 약해지고 백의 공격이 엄해진다. 그 의미에서 흔히 생각할 수 있는 것은 백1의 한 칸 뜀이다. 그러나 이 수는 평범한 발상.

흑2의 붙임을 살리고 흑4의 모자씌움이 경묘할 것이다. 흑4는 우변의 흑 모양을 넓히기 위하여 도움이 되므로, 이후 백이 좌상의 흑의 공격에 구애될 것 없다.

3도

기본도의 흑1은 백으로의 반격을 노렸다. 백1로 미끄러지는 것은 가볍게 근거를 만들려는 것. 그러나 이 수는 도망치려는 것이다.

흑2가 절호의 모자씌움, 이 후 백3으로 붙여 좌상의 흑 두 점을 잡으려고 하면 흑4로 젖혀 중앙에 세력을 만들면 된다.

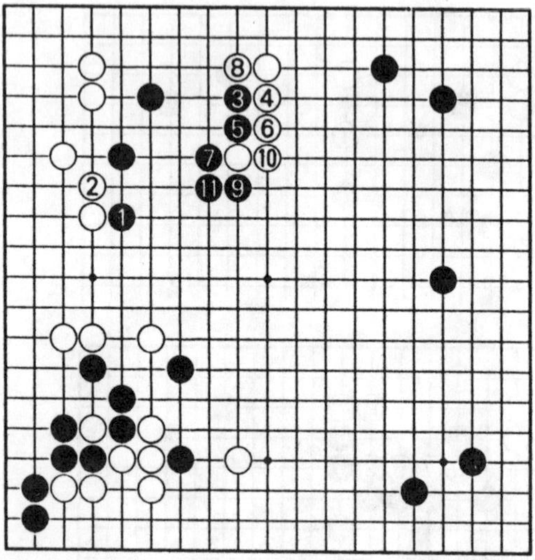

4
도

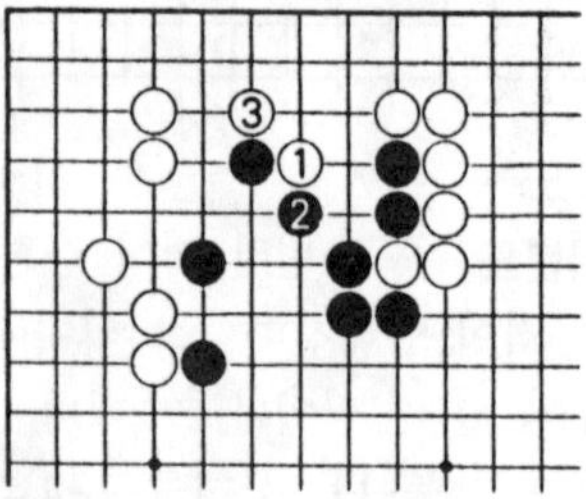

참고도2

4도

백속에서 사느냐, 탈출이냐, 1도의 큰 공격을 받아 흑은 고전이다. 그것을 실전의 진행으로 증명해 보자.

흑1의 붙임에 백2는 흑의 눈모양 만들기를 방해한다. 흑3·5·7은 백의 모양을 강화시키는 속수. 그러나 그 밖에 좋은 수가 떠오르지 않는다. 흑7에 이어 백9의 뻗음이라면 흑8로 누르고 살것이다. 백8은 상변의 백의 근거에 관한 점이다.

참고도2

백은 1의 붙임에서 3으로 젖혀 건너는 수가 남았다. 4도 흑11로 이어 간신히 탈출한다. 그러나 이것으로 흑이 좋다는 것은 아니다.

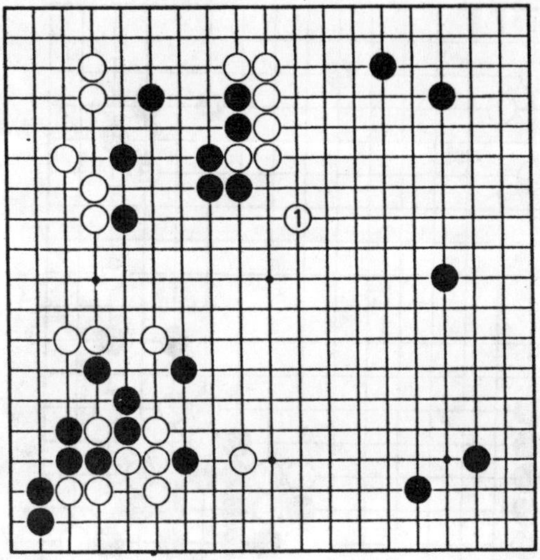

5도

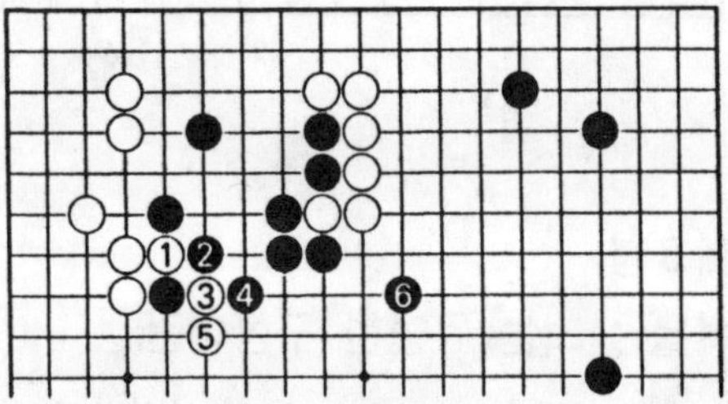

참고도3

5도

전도에 이어 백1이 흑으로의 공격을 살핀 절호점. 이렇게 되면 백의 즐거움이 많은 바둑일 것이다. **기본도**에서 흑은 우상귀의 굳힘을 두었지만 백은 상변에서 중앙으로 벽과 세력을 쌓아 우변의 흑 모양을 없애는 실마리를 만들었다.

참고도3

그렇지만 실전에서 둔 것은 백1·3의 나가끊음.

좌변의 백집은 늘었지만 흑6이 요점을 차지하게 한 것은 백이 고전.

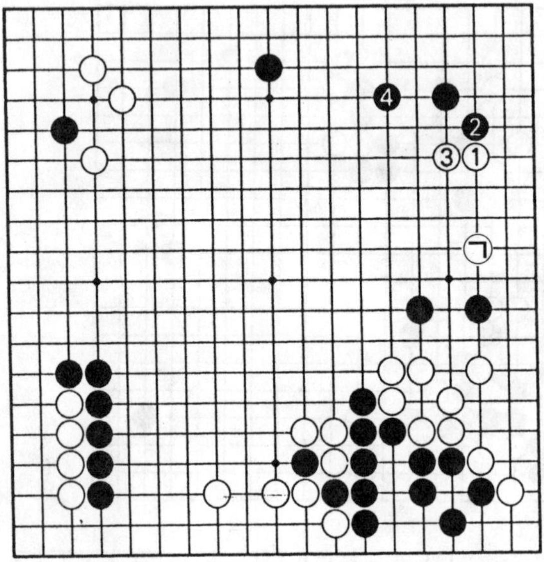

기본도

제3형

벽을 살리는 유연한 구상이란

우상의 화점을 기점으로 흑은 상변과 우변에 벌림, 큰 모양을 만들려고 하고 있다. 지금이 절호의 찬스였다.

백 1의 걸침에서 흑 4까지는 하나의 형. 흑은 백 두 점을 공격하면서 유리한 싸움을 찾는다.

여기서 다음의 백의 착상을 생각해 보자. 상식적으로는 ㄱ의 두 칸 벌림이지만 과연 그럴까.

문제는 우하귀의 백의 벽을 어떻게 활용하느냐이다.

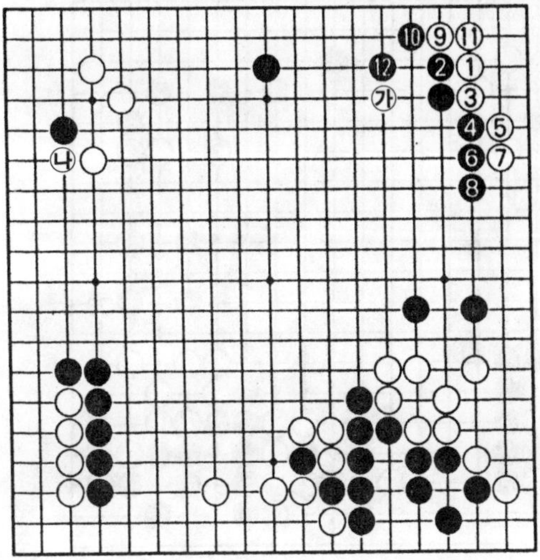

1
도

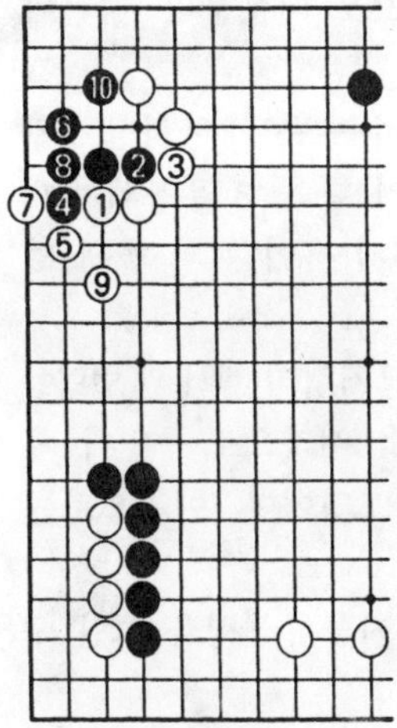

참
고
도

1도

우상의 흑 모양을 방치하여 흑 가로 귀를 굳히게 하면 안된다. 그러나 기본도 백 1에서 바로 그 귀를 망치는 것도 의문. 흑이 양날개를 펴고 있는 모양이므로 상변과 우변의 어느쪽은 흑의 집이 굳어진다.

흑 2의 누름에서 12까지 상변에서 중앙에 걸쳐 20집 이상의 집을 계산에 넣으면 흑이 알기 쉬운 바둑이 된다. 흑의 걱정은 좌상이지만 참고도의 백 1로 두어도 흑2에서 10으로 간단히 살아남는다.

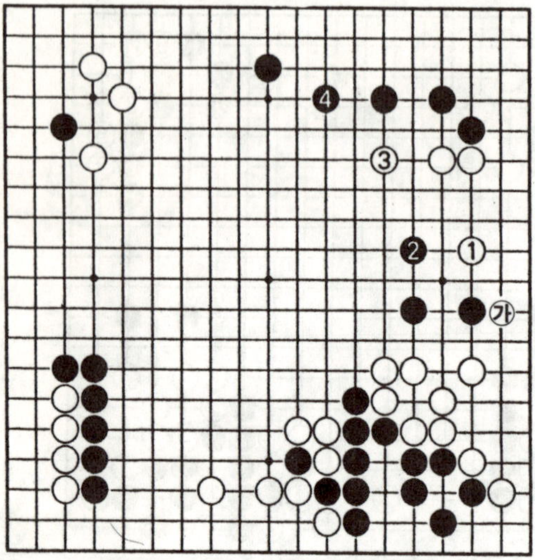

2도

2도

기본도에 이어서 우상의 백을 수습한다면 백 1의 두 칸 벌림이 상식이다. 이곳은 근거의 요점이므로 대부분의 사람이 제일 먼저 두는 곳이다.

그러나 흑 2의 모자씌움이 백을 공격하는 두 개의화살이 된다. 백 **가**의 건넘이 없어질 뿐만 아니라 다음 3의 봉쇄가 제 3의 화살로 엄하다. 근거를 잃은 우변의 흑이 백의 돌에 덮여 강한 돌로 변한다.

백 3, 흑 4로 우상을 굳힐 수 있어 모처럼의 백 1의 벌림이 기능을 잃었다. 이 후 우하의 백의 벽을 배경으로 우변의 흑 세 점을 공격하려고 해도 흑이 가벼운 모양이다. 이것으로는 우하의 백의 벽이 울어버릴 것이다.

백 1의 상식적인 벌림에서는 중반의 싸움의 구상을 그릴 수 없었다.

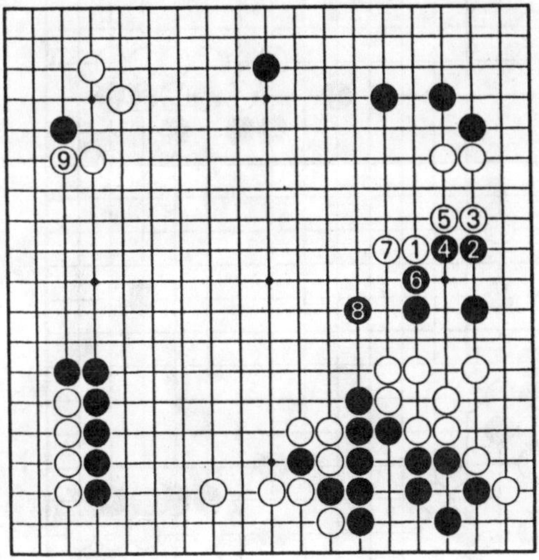

3도

3도

'적의 급소는 나의 급소' 라는 말대로 백1의 메움이 부풀려고 한 좋은 수이다. 흑 수를 빼고 2로 백이 오게 해서는 안되므로 흑2로 뛰어 근거를 만드는 것이 당연한 한 수.

그러나 이 모양은 흑이 백의 포위망으로 들어간 모양. 백이 공격하는 입장이 되며 우하의 백의 벽이 살게 된다.

백3의 붙임에서 흑8의 뜀까지 백은 흑을 공격하면서 우상을 굳혔다. 우변의 흑이 아무리 강화되어도 우하의 백에게 영향을 주지 않는 것이 백의 기능이다.

우상의 백은 이미 흑의 공격을 받지 않는다. 백은 선수를 쥐고 좌상 9의 누름으로 돌아간다. 이것으로 느긋한 바둑으로 만들려는 백의 구상이 성공하였다. 흑, 전도와 같은 상형 —— 소극적으로 사는 구상 —— 밖에 떠오르지 않으면 좌상에는 선착할 수 없었을 것이다.

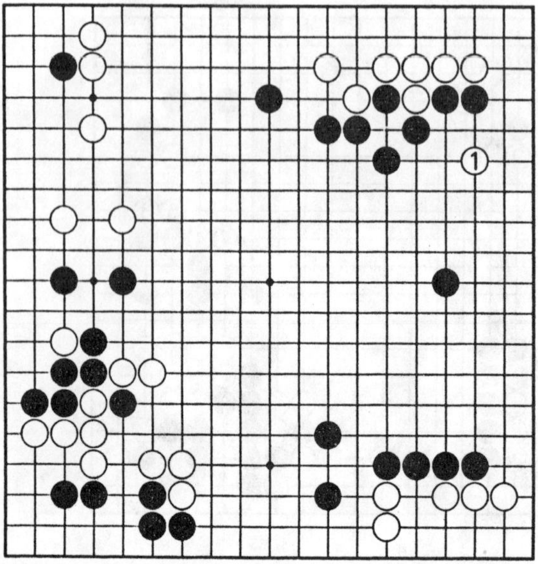

기본도

제 4 형

돌을 버리고 모양을 넓히는 방법

大竹英雄 10단(백)과의 대국이다.

우변에 큰 흑 모양을 만들었다. 백은 세 귀의 집을 따고, 백 1에서 흑 모양을 망친다.

백 1은 모양의 급소. 기억해 둘 수이다.

그럼 이 백의 급소의 뛰어들기를 맞아 어떻게 흑은 대처하여야 할까. 물론 전부 따려는 것은 무리.

이 후의 흑이 어떠한 구도로 모양을 정리하느냐가 문제이다.

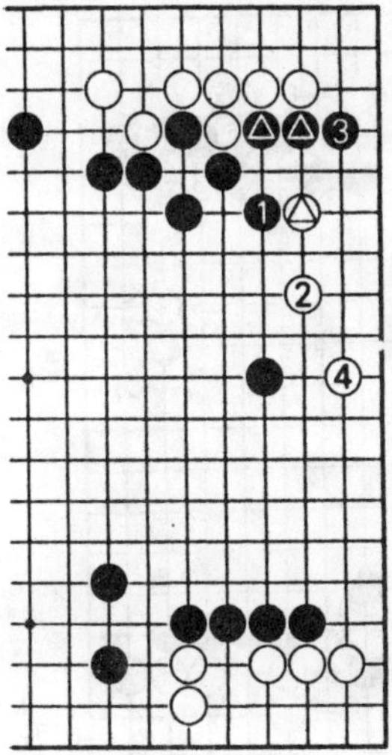

1
도

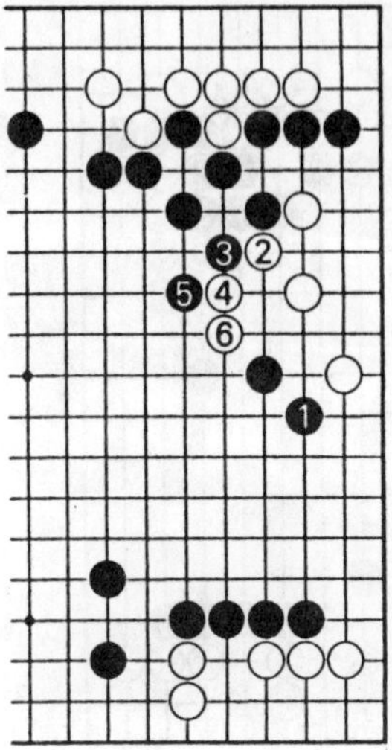

2
도

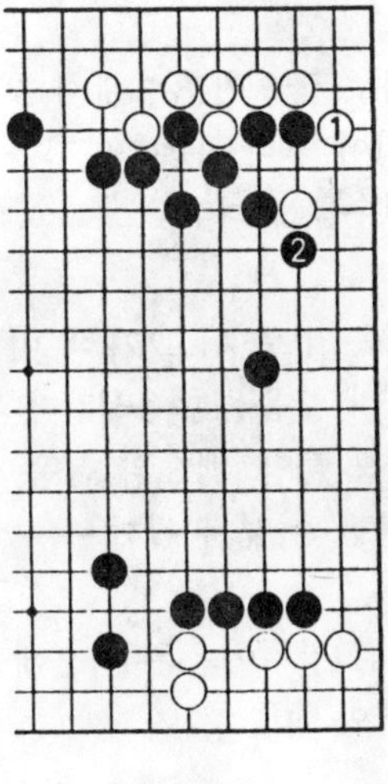

참
고
도
1

1도

△의 뛰어들기에 흑 1로 ▲ 두 점을 살리려고 하는 것은 안된다. 백 2로 뛰게 하여 3의 건넘과 4의 미끄러짐이 대응. 이어서,

2도

흑 1의 마늘모라면 백 2 이하 6까지 백의 삶이다. 이것으로 흑 무엇을 두었는지 모를 결과이다.

참고도 1

1도 백 2에서 1로 바로 건너는 것은 좀 이르다. 1도에서 2도가 백 좋다.

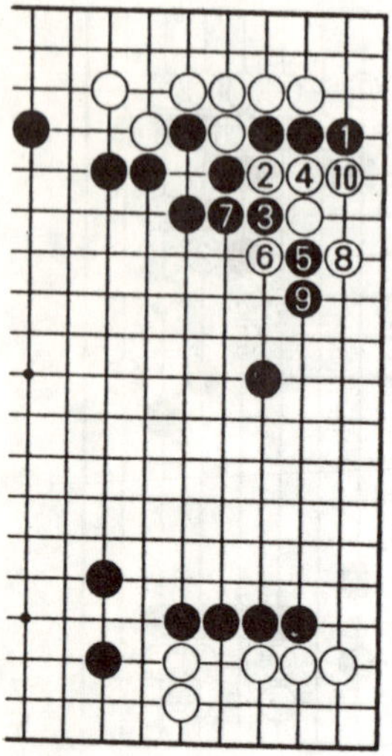

3
도

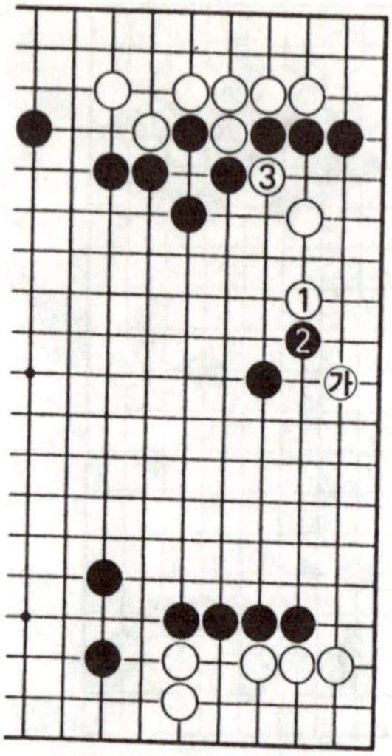

4
도

3도

흑1로 내리는 것이 최강의 응수.

백2로 바로 끊으면 흑3에서 5로 2단 젖힘이 좋다. 흑은 세 점을 사석으로 선수를 쥔다.

4도

거기서 백은 1로 뛰고 가의 미끄러짐과 3의 끊음을 대응시킨다. 흑2로 마늘모 붙임, 백3의 끊음. 그럼 이 절충은 어떻게 될까――

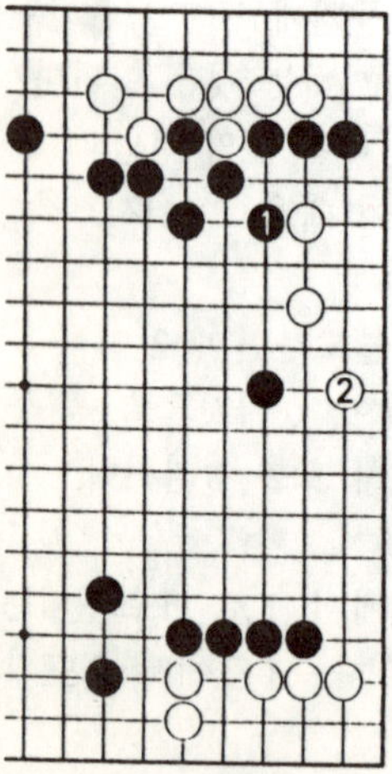

참고도2

참고도2

4도 흑1의 걸쳐이음은 백2에서 2도로 돌아간다.

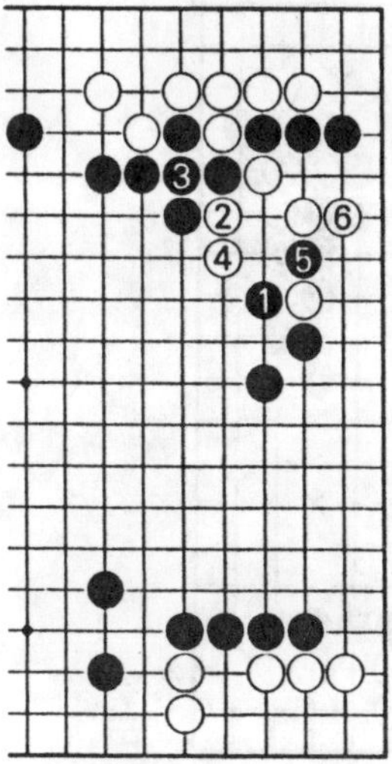

5 도

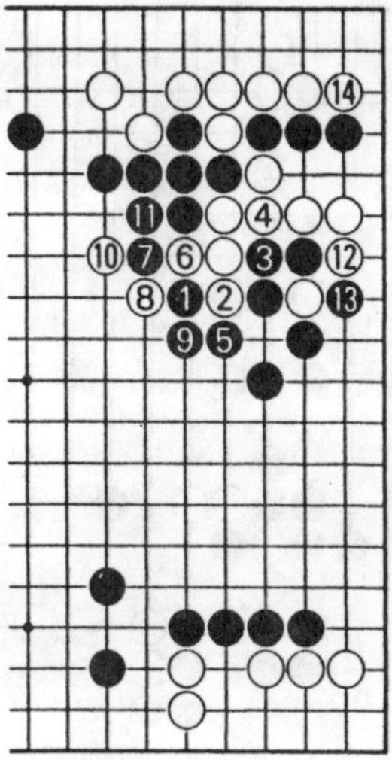

6 도

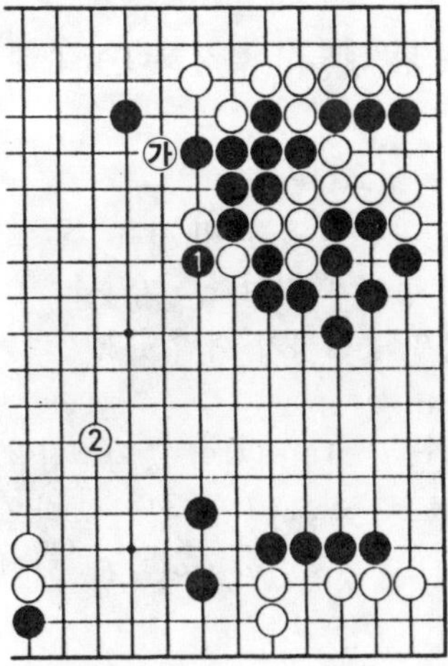

참고도 3

5 도

실전에서는 여기서 흑 1 로 젖힘, 이하 백 6 까지, 백에게 머리를 내밀게 하였다.

6 도

이어서 흑 1 이하 강제로 봉쇄하려 했으나 백 8 의 끊음에서 10 의 맞댐으로 먹힌 것이 괴롭다.

참고도 3

흑은 백 가 의 붙임에 대비하여 1 의 수비를 생략할 수 없고 백 2 로 중앙을 없애게 하여 불리한 결과이다.

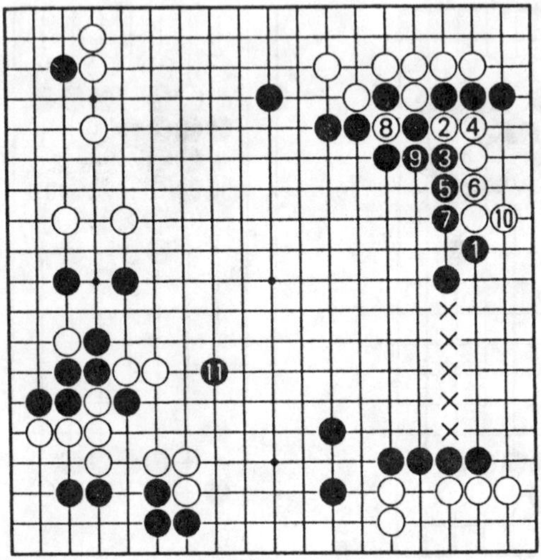

7도

7도

5도는 중대한 실패였다.

백 2의 끊음에는 흑 3·5의 직접 행동이 확실하다. 백 6에서 7은 흑 6으로 백이 무리.

백 8을 살린 후 백 10의 수비가 필요하다.

이 모양은 우변과 우하의 백의 내림이 흑을 빈 기슭으로 만들므로 ×표의 안쪽 우변은 거의 공배가 되었다. 그러나 우상의 모양이 결정되어 흑은 중앙을 둘러싸기 쉬워졌다.

흑 11이 절호점.

좌하의 백은 아직 완전치 않으므로 하변에서의 중앙 침략은 불가능할 것이다. 그렇다면 흑은 좌상에서의 침입을 막으면 중앙 모양이 방대한 확정집이 될 것이었다. 이렇게 되면 흑 유망할 것이다.

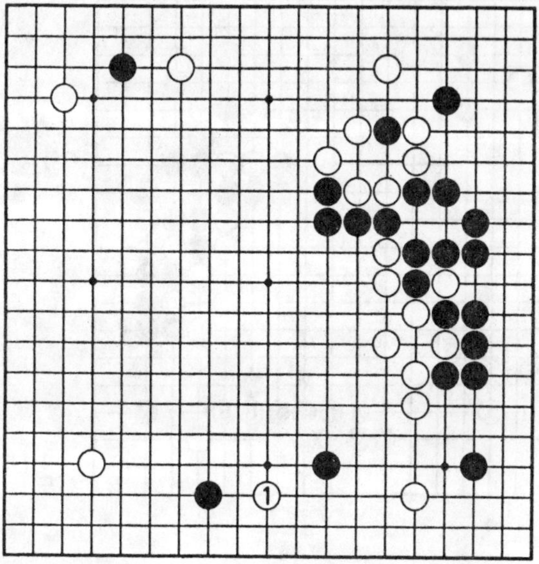

기본도

제5형

상대의 돌이 강한지 약한지로 대응이 달라진다

싸움의 구상에서 자칫 놓치기 쉬운 것은 공수의 입장이다. 아마츄어의 결점은 공격의 경우에 지키거나, 반대로 수비의 경우에 맹진하여 분쇄하는 것이다.

공수의 입장을 알면 나중의 구상도 쉽게 그릴 수 있을 것이다.

하변의 흑의 벌림에 백 1로 뛰어들었다. 여기서 어떠한 싸움의 구상을 택하면 좋을지 생각해 보자.

우측의 백돌을 벽으로 보느냐, 약한 돌로 보느냐로 대책도 달라진다. 얌전하게 두느냐, 아니면 적극책으로 나가느냐 藤沢明斎 9단(백)과의 대국에서 뽑았다.

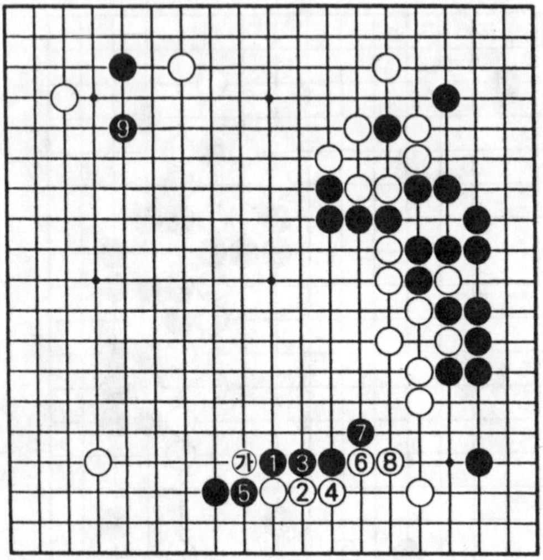

1도

우변에서 중앙으로 밀고 나간 흑의 모양은 매우 강력하며 우변의 백을 약체화시키고 있다. 따라서 하변은 흑이 백을 공격하는 상황이다. 여기서는 흑의 적극적인 움직임이 요구된다.

흑1로 붙이는 것은 극히 보통의 모양. 단 이것은 하변의 수비만을 생각한 소극적인 방법이다.

백2·4로 건너고 흑5로 모양을 정리하여 좌우를 연결, 백8까지는 쌍방 모두 무난한 분리.

백은 흑의 근거를 빼앗고, 하변을 굳히고 있다. 엷은 벽을 겨누고 있던 중앙의 큰 돌이 안정되어 나중의 싸움이 쉬워질 것이다.

흑은 선수를 쥐고 좌상 흑9의 뜀을 향하지만 좌변에 축단수가 오면 백가의 끊음으로 하변이 분열하므로 이 후의 싸움에 큰 제약을 받는다.

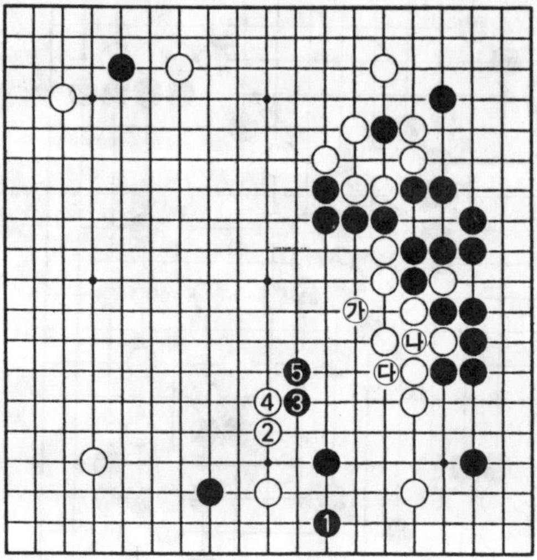

2도

2도

흑1의 뜀이 백의 예상을 깬 강한 수로 정해이다.

백2로 뛰어 나오면 흑3·5로 강하게 싸운다.

이렇게 중앙에 진출하면 우변의 백이 자연히 흑의 포위망에 들어간다. 흑가의 엿보기와 흑나의 따기에서 다의 끊음 등 흑에서는 백의 얇은 벽을 노린 여러 수단이 있어 하변의 백이 움직일 정도로 오른쪽에 나쁜 영향이 나온다.

말하자면 백의 하변 작전은 오른쪽의 대비와 모순되므로 흑은 백의 모순을 건드리는 것만으로 유리한 싸움으로 볼수있다. 새로 묘수를 둘 필요는 없다.

싸움의 구상력은 이러한 세력 관계의 분석에서 생겨난다. 어려운 수를 두지 않아도 구상이 올바르면 쉽게 대세를 리드할 수 있고, 구상을 잘못하면 아무리 강수·묘수를 두어도 돌이 살지 못한다.

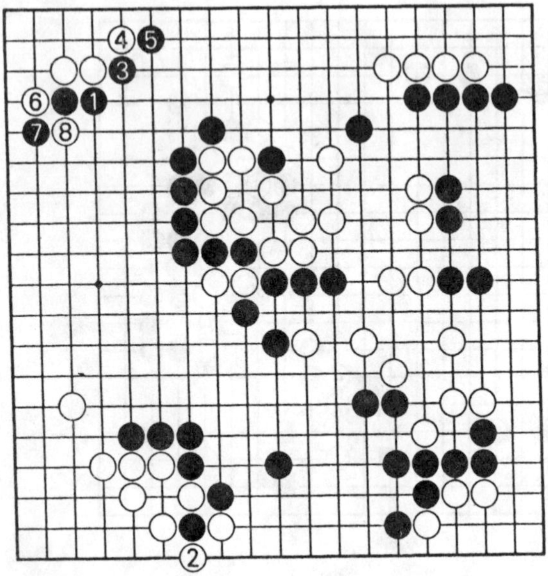

기본도

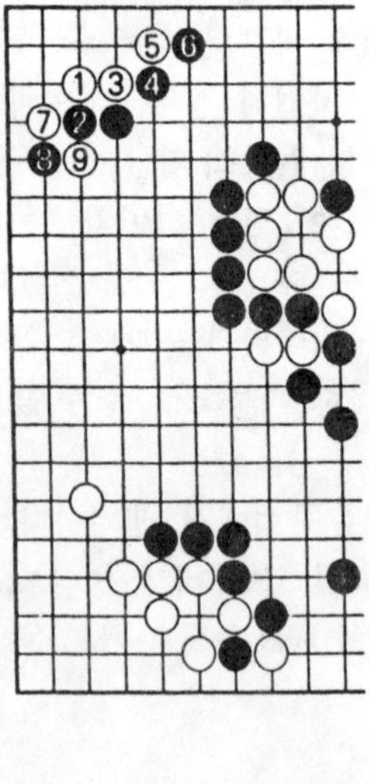

참고도 1

제6형

벽을 살리는 강수의 구상

좌하에 큰 패싸움이 일어났다.

흑은 패싸움으로 좌상귀에 1 · 3으로 연타하였다. 백6에서 8의 끊음은 상용의 맥. 이부분은 결국 참고도1의 화점으로 3 · 3에 뛰어든 모양으로 돌아간다.

기본도에 이어 흑은 어떻게 두면 좋은지 주위의 돌의 상황을 살펴 대응시켜 보자.

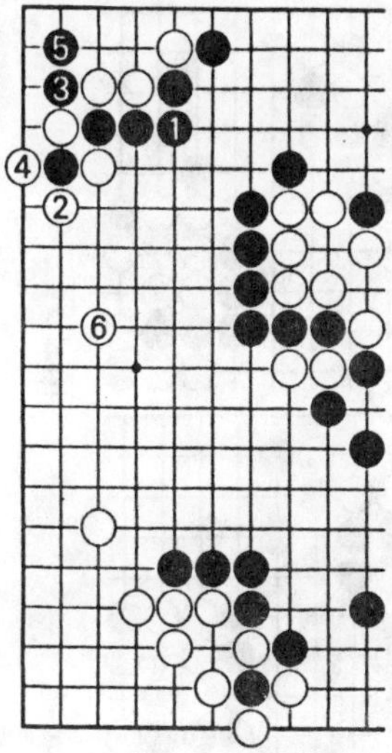

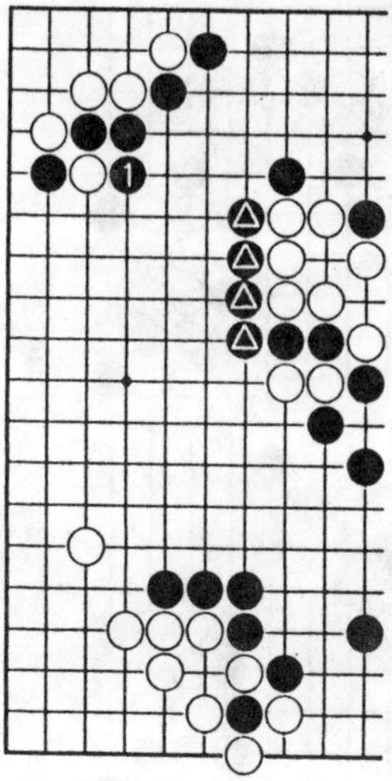

1도

좌상의 패세움은 귀의 백을 공격하면서 좌변을 흑의 모양으로 만드는 구상이었다.

흑1의 이음은 정석. 그렇지만 이 경우는 둔하다.

보통은 귀의 실리와 좌변의 백이 호각의 갈림길이지만, 이 경우는 중앙의 흑의 벽이 도움이 되지 않는다. 흑은 벽을 살리지 않으면 안된다.

2도

전도 흑1에서는 흑1의 저항이 이 경우의 최강의 응수.

흑의 돌의 모습도 일견 산만하지만 무서운 느낌이 들지도 모르는, 경우에 따라서는 성립되는 견고한 수이다. ▲의 등이 두터운 것을 이용하여 버티고 싶은 곳이다.

이하 이 귀의 변화를 살펴 보자.

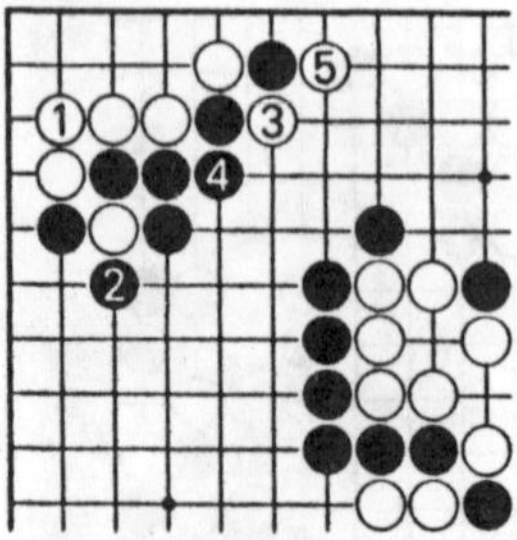

3도

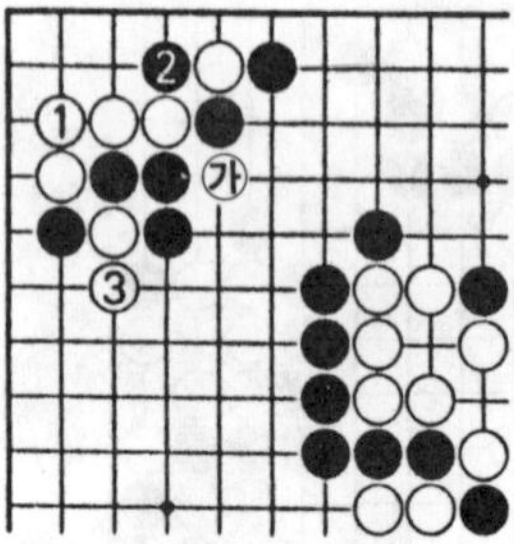

4도

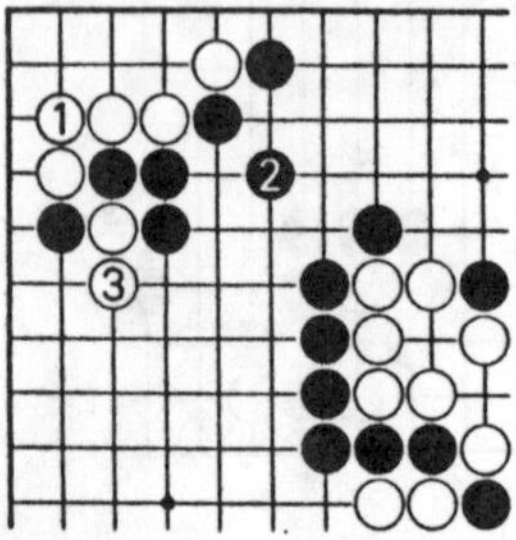

5도

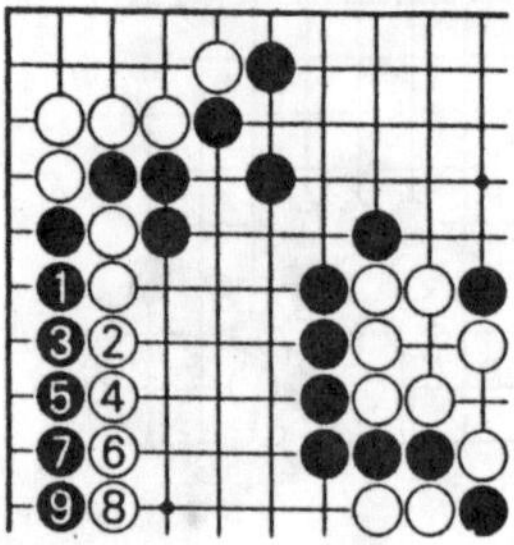

6도

3도

백은 1로 잇는 한 수. 여기서 흑2로 빼면 백3·5로 한 점을 감싸 흑 무엇을 둘 지 모른다.

4도

백1에 흑2로 따는 것은 흑 위험. 백3으로 뛰어나가면 백가의 맞댐이 살아나므로 흑 수습 불가능해진다.

5도

따라서 흑2로 걸쳐잇는 것이 흑도 올바른 응수가 된다.

6도

이 국면에서는 중앙의 흑이 두터우므로 여기서 1에서 기는 수가 성립한다.

백4에서 8까지, 모두 백에게 눌리면 흑은 끊어 싸울 수 있는 형.

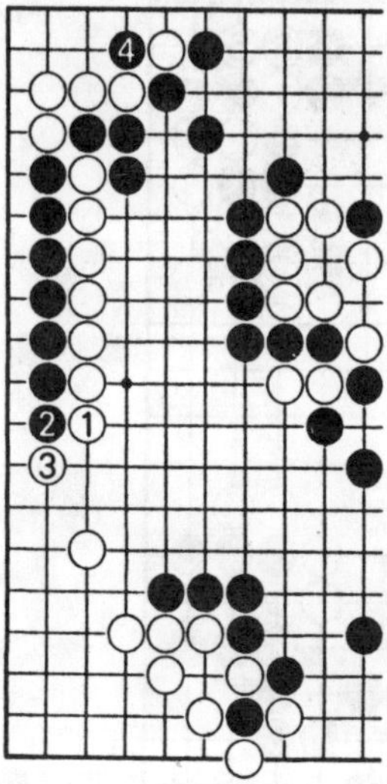

7도

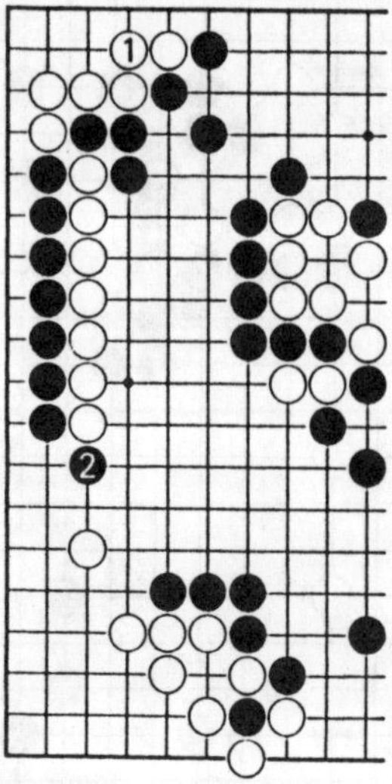

8도

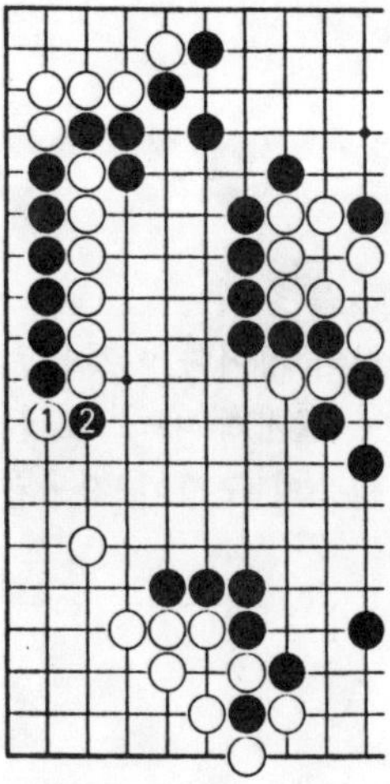

참고도 2

7도

이어서 백은 1에서 3으로 누르는 정도. 흑은 수고를 좀 하여 4로 좌상귀의 백을 제압하였다. 이것은 흑 충분한 분리였다. 백의 3선의 돌이 흑의 벽에 살지 못한다.

8도

백 3에서 1로 사는 것은 흑2로 젖혀올려, 이것도 흑 둘 수 있는 모양이다.

참고도 2

백 1로 누르는 것은 흑2로 끊게 하여 중앙의 흑이 두터우므로 무리한 감이 든다.

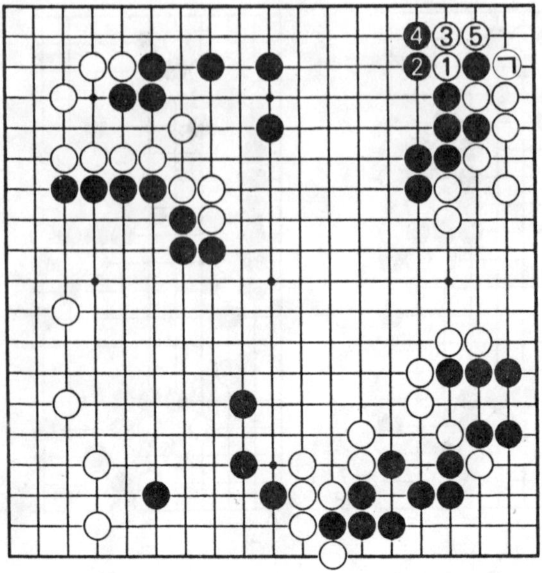

기본도

제 7 형

싸움의 계기를 어디에 두느냐

趙治勳 8 단(당시, 백)과의 대전이다.

백 1 전에 흑 ㄱ 으로 누르면 실질 20집의 차이다. 이것으로 백은 세 귀를 따고 집 차지는 유망. 이대로 끝내기 바둑으로 끌려가면 흑 안된다. 백의 페이스를 깨는 싸움의 구상이 요구된다. 흑의 표적은 어디인가.

싸움의 계기를 어디서 구할 지 생각해 보자.

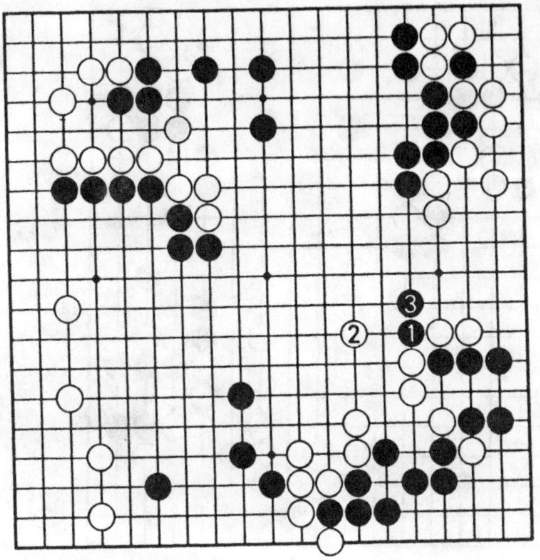

1도

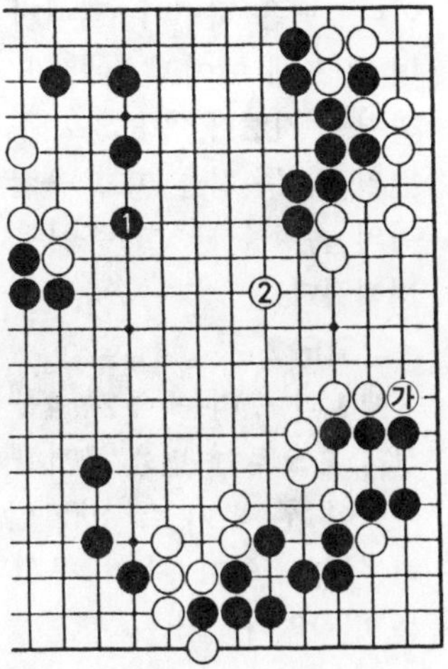

참고도 1

1도

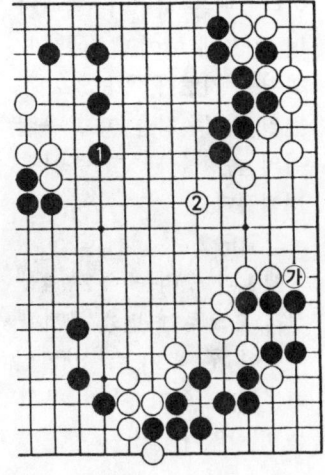

흑의 다음 수는 1의 끊음. 이 한 수로 우변과 하변의 백에게 도전한다. 이렇게 되면 백은 하변이 불안하다. 백 2로 지키고 흑 3으로 뻗어 우변을 노린다. 이것이 흑의 싸움의 구상이었다.

참고도 1

흑 1로 상변을 넓히는 것은 백 2가 절호점이다. 이후 백 가에서 우변은 백집. 흑 실패의 코스이다.

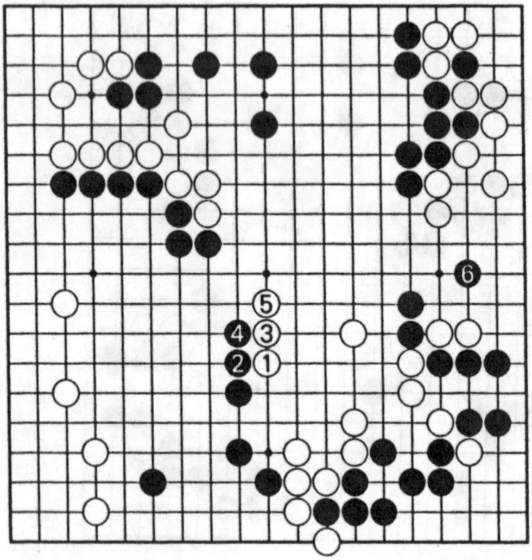

2도

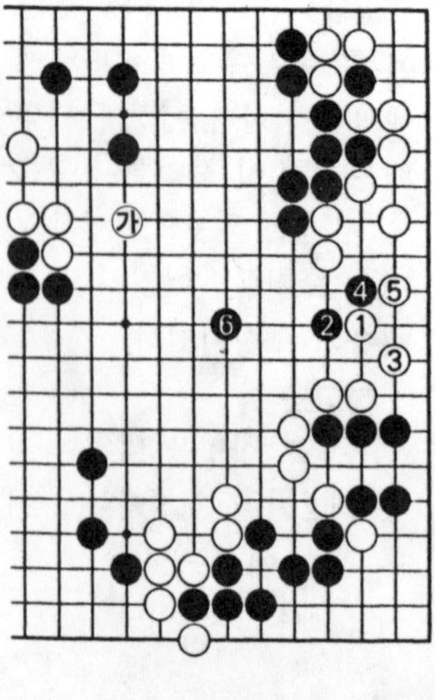

참고도 2

2도

돌의 절단은 싸움의 기본이다. 백은 하변이 약해지며, 전도에 이어 백1에서 5까지로 지켰다. 흑6으로 우변의 백 두 점을 따고 우상귀의 손실를 되찾고 흑이 유리해졌다.

참고도 2

백1의 수비는 흑2·4를 살려 6으로 하변을 공격한다. 이 후 흑가로 집을 넓히는 수도 있고 흑의 우위는 변함없다.

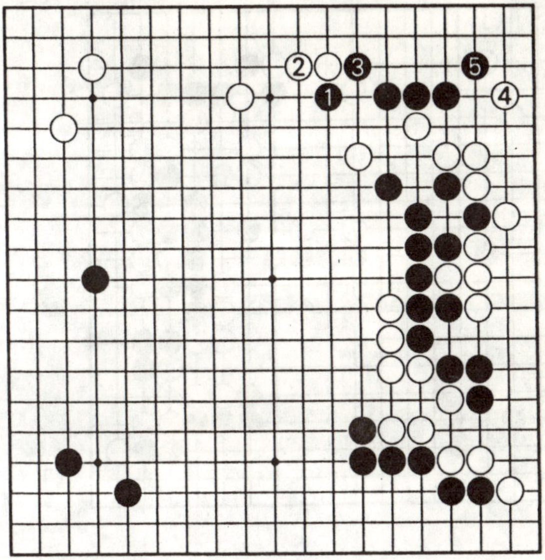

기본도

제8형

나중의 전개를 쉽게 하는 공방 겸비의 일착

우변에서 격렬한 싸움이 일어났다.

우하의 백, 우변의 흑, 우상의 흑은 모두 근거가 확실치 않다. 이 후 경쟁이 계속될 듯하다.

흑은 1의 붙임에서 3으로 눌러 우상귀를 수습하였다.

백 4의 미끄러짐을 살려 우변의 백을 굳히고 이제부터 싸움이다. 어디가 싸움의 기점이 될 지 발견하기는 어렵다. 혹 내가 나타낸 정해에 놀란다면 싸움의 기본을 다시 한번 생각할 필요가 있다.

초점은 우변이지만 공방 겸비의 호수가 있다.

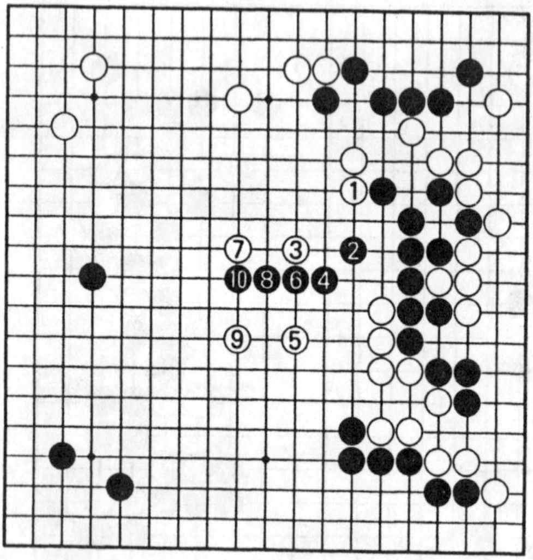

1도

정해에 앞서 실전에서 둔 모양을 나타내자.

백 1 의 밀기로 흑을 공격하였다.

흑 2 의 뜀에 백 3 의 모자씌움이라는 콤비네이션. 여기까지는 아주 좋은 상황으로 보였다. 그러나 흑 4 로 마늘모하고 나서 돌이 뿔뿔이 흩어진다. 흑 10 까지 백의 공격은 실패라 해도 좋을 것이다.

백 1 · 3 은 두 가지 실패를 범하였다. 그 하나는 백이 중앙에 세력을 만들려한 것이다. 이 세력은 거의 성립되지 않는다. 또 하나의 실패는 우하의 백이 강력한 돌이라는 생각이다. 흑 4 로 마늘모하여 백 5 의 수비가 필요해지면 백 3 의 공격과 완전히 모순된다.

흑 10 까지는 흑의 돌이 직접 연결되어 강력하며 백 3 · 7 은 거의 성립하지 않는 돌이 되었다.

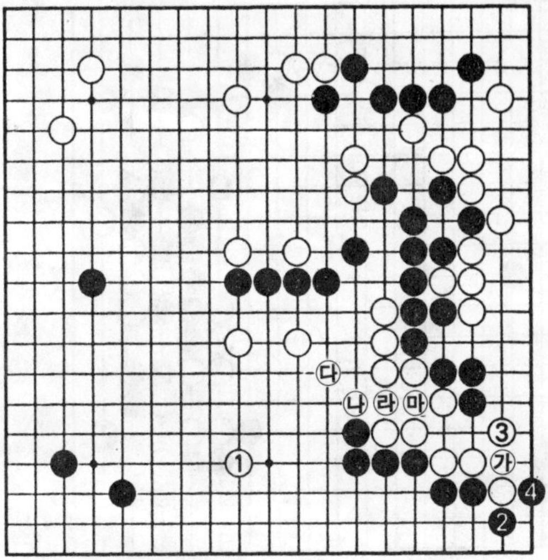

2
도

2도

공격은 하나 잘못하면 자멸을 부르는 양날검의 의미가 있다. 특히 아마츄어 바둑에서는 공격하고 있는 편이 거의 형세를 나쁘게 하는 일을 많이 본다. 전도의 결과 백은 우변의 흑을 공격할 뻔하여 반대로 중앙이나 우하를 약하게 하였다.

이어서 백 1 로 하변에 진출하였다고 하자. 확실히 백의 모양이 약하다.

여기의 흑 2 의 누름이 쌍방의 근거에 관한 큰 수가 된다. 백 3 의 걸쳐이음에 흑 4 의 젖힘을 두지 않을 수 없다.

이 후 백 가 의 이음이라면 흑 나 의 뻗음, 백 다, 흑 라, 백 마 로 우하의 백의 눈모양을 빼앗고, 백으로의 공격이 엄해질 것이다. 우하, 중앙의 양쪽 흑이 강력하므로 백만을 일방적으로 공격할 수 있는 형이다.

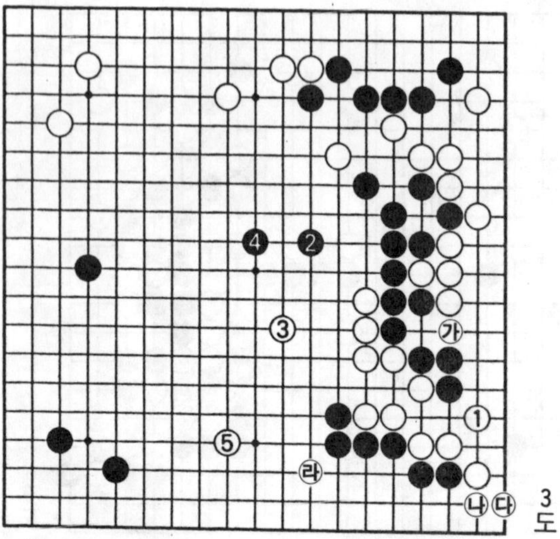

3도

정해는 백1의 걸쳐이음이다.

우변의 세력의 밸런스는 먼저 근거를 만들고 있는 편이 싸움의 주도권을 쥘 수 있다. 그 의미에서 흑의 근거를 빼앗고 삶을 확실히 하는 백1의 걸쳐이음이 최선이었다. 백은 여차하면 가에서 건넘이 있는 것이 든든하다.

근거를 잃은 흑은 중앙으로 달아나는 수밖에 없다. 흑2는 목표없는 도망이다. 백3으로 추격하여 다음에 4의 모자씌움을 노린다.

흑4의 뻗음이라면 백5로 하변에 진출하여 우하의 흑에게 표적을 둔다. 우하는 흑나라면 백다로 젖혀내므로 간단하게는 근거가 생길 수 없다. 전도와의 차이이다. 백5에 이어 백라로 쫓기면 전체의 눈모양이 걱정이 될 것이다. 즉, 백5는 흑을 노리는 강한 돌이다.

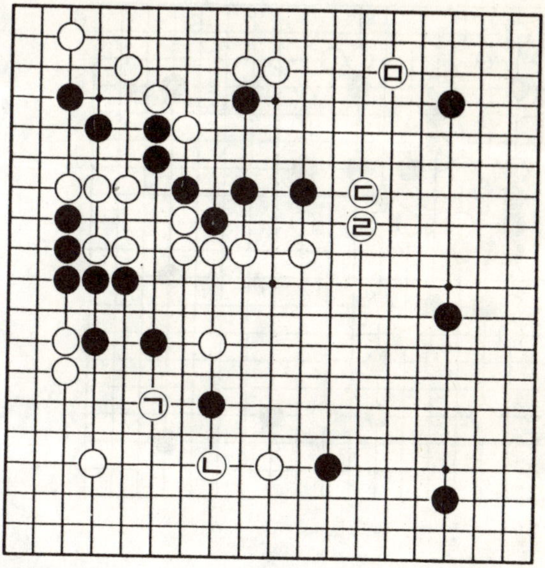

기본도

제9형

전국을 리드하는 촛점은 어디인가

좌변의 싸움이 중앙, 다시 하변, 우변으로 전면적으로 파급되고 있다. 서로 불안정한 돌이 맞붙어, 여기저기 두고 싶은 곳이 많이 눈에 띈다.

이렇게 확실치 않은 돌이 있으면 대체 어디로 눈을 돌리면 좋을지 알 수 없을지도 모른다. 그러나 이러한 경우에도 싸움의 본선만 틀리지 않으면 싸움의 구상은 그리 크게 빗나가지 않는다.

그럼 초점은 하변이냐, 중앙이냐, 아니면 우상귀일까. 혹ㄱ~ㅁ 중에서 골라보라.

소재는 아마 5단끼리의 바둑이다.

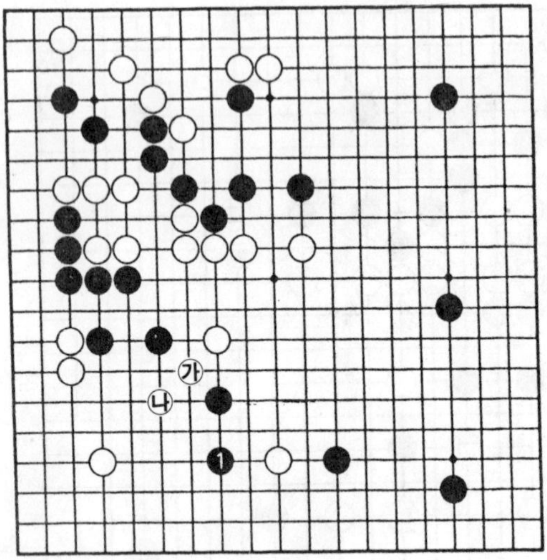

1도

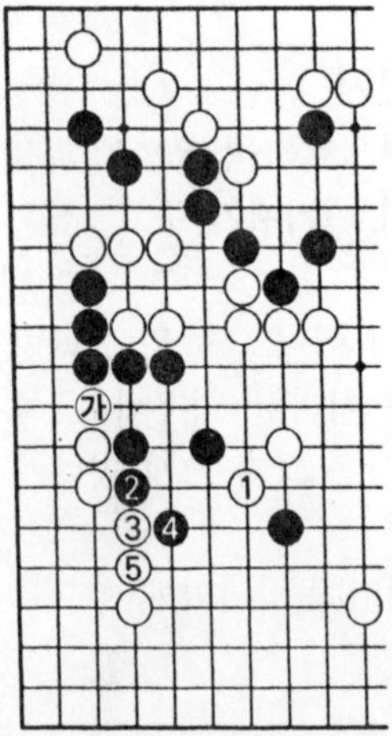

참고도 1

1도

우선 실패례이다.

실전에서 흑이 둔 것은 **1**의 뜀. 하변의 백 한 점을 공격하면서 백 **가**의 협공에 대비한 수이다. 호점이긴 하지만 싸움의 본선에서는 어긋났다. 이곳은 **참고도 1** 백 **1**로 나와도 흑 **2**의 밀기로 맞아 흑 불안은 없다. 여차하면 흑 **가**의 삶도 남아 있다. 그 점에서 흑 **나**의 대비도 완착인 것은 명백하다.

싸움의 본선은 하변이 아니다.

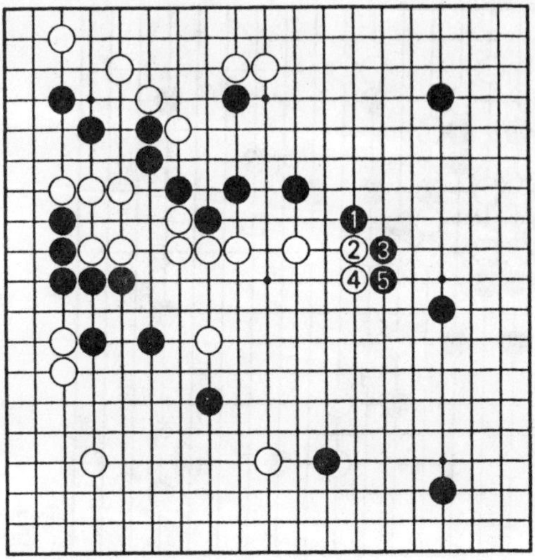

2
도

2도

흑1의 날일자가 전국적 구도에서 보아 이 한 수였다. 좌변에서의 흑의 큰 돌에 여유를 주고 백의 큰 돌을 노린다. 동시에 우변의 흑모양의 확대에도 한 역할한다. 일석이조·삼조나 되는 기능을 가진 것을 알 수 있다. 이어서 백2로 이으면 흑3 이하 자연히 우상이 굳는다.

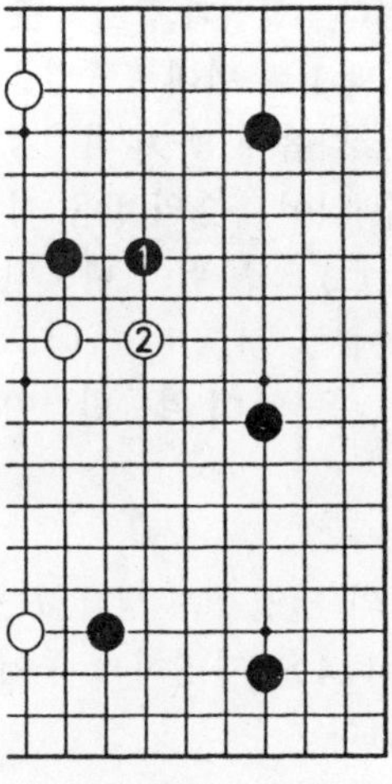

3
도

3도

흑1의 한 칸 뜀은 백2로 추격당해 또 하나 박력이 부족하다.

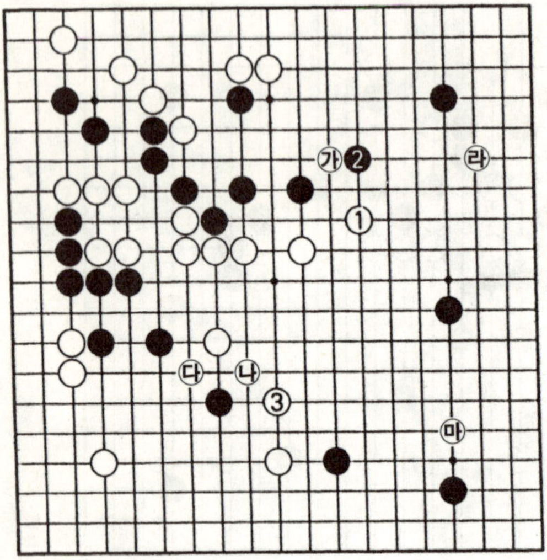

4도

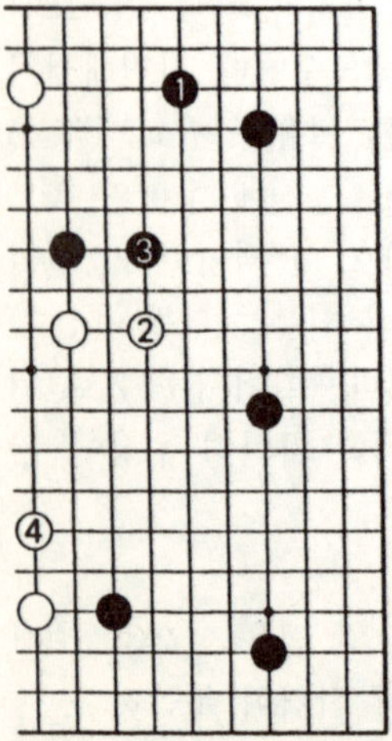

참고도2

4도

2도 흑1이 쌍방의 천왕산이라고 할 곳이었다. 실전과 같이 1도의 수에서는 백1로 반대로 중앙을 덮치게 한다. 다음에 백**가**의 걸침을 당할 수 없어 흑2의 받음 정도. 거기서 백3으로 뛰어 나오면 어려운 싸움이 될 것 같다. 흑**나**로 마늘모하는 것은 백**다**의 반격이 온다.

참고도 2

또한 흑1의 날일자는 생각없는 수. 백2에서 4로 간명하게 두어도 흑 재미없다.

제 4 장

이것이 武宮流 실전 구상이다

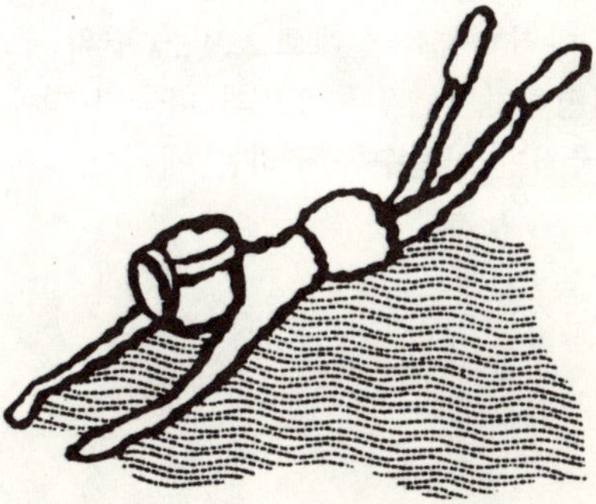

이 장의 포인트

프로와 아마츄어의 바둑에서 제일 큰 차이는 바둑을 조립하는 힘, 구상력이라는 점이다. 바둑은 일국, 일국이 다른 생명이므로 패턴화하여 생각하는 것은 매우 위험하다. 그러나 아마츄어는 자칫하면 고정화된 사고에서 착점을 정하게 된다.

싸움을 할 때 어떤 종류의 힘, 돌의 생사, 끝내기의 대소라는 것을 생각하는 힘은 프로도, 아마 고단자도 그다지 차이가 없다. 프로의 실수를 아마츄어가 발견하는 예는 많이 있다. 그러나 바둑의 힘은 그런 것뿐만 아니라 더욱 넓은 시야를 필요로 한다.

일례를 들자. 아마츄어 유단자가 프로에게 접바둑의 핸디를 두고 둔 경우, 특별히 악수를 두지 않는데 어느틈에 자잘한 바둑이 되는 일이 있다. 특히 4, 5 점의 접바둑은 흑이 초반부터 필승형이다. 따라서 혹 당신이 부분보다도 전체를 보는 힘이 생기면 일단 스케일이 큰 힘이 붙을 것이다.

이 장에서는 나의 바둑을 실례로 초반, 중반의 구상을 어떻게 세우느냐를 설명하자. 이것은 프로의 바둑이 형에 얽매이지 않고, 항상 전국적인 최선수를 구하는 예이다.

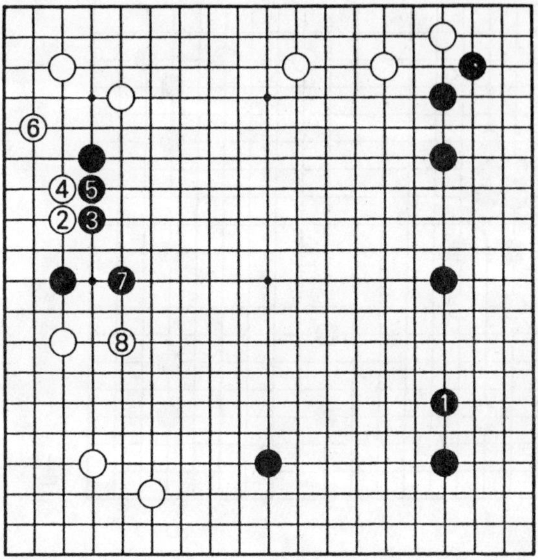

기본도

제 1 형

이것이 '우주류(宇宙流)'의 구상이다

왕좌전에서의 大竹 9단(백)과의 대전이다.

이 바둑은 '우주류(宇宙流)'의 회심작이었다.

우하 흑 1로 대비하여 우변, 하변으로의 모양이 완성되어있다. 백으로부터 여러 가지 침략은 있어도 스케일이 큰 확정지가 약속되어 있다는 것이다.

백 2로 좌변의 흑으로 뛰어들었다. 흑 3에서 백 8까지, 백은 좌변의 흑에게 표적을 두고 있다. 이 후 우주류(宇宙流)를 완성시키기 위하여 어떻게 움직였는지 생각해 보자.

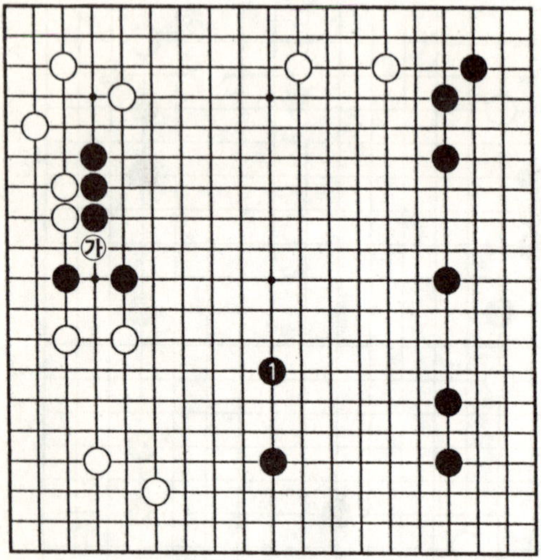

1 도

1 도

좌변의 백가의 젖힘을 노리고있다. 그러나 지금 전국을 보면 백에게는 상변과 좌하에 확정집이 있고, 흑이 우하를 중심으로 한 일방지에서 대항하기 위해서는 모양의 스케일을 넓히지 않으면 안된다. 좌변은 가벼운 모양이다.

흑1이 武宮流의 구상이었다.

참고도 1

백1이하 5의 급습에는 흑6으로 중앙을 지키면 될 것이다. 백7로 끊어도 흑8·10으로 중앙이 굳고 흑 모양이 커진다.

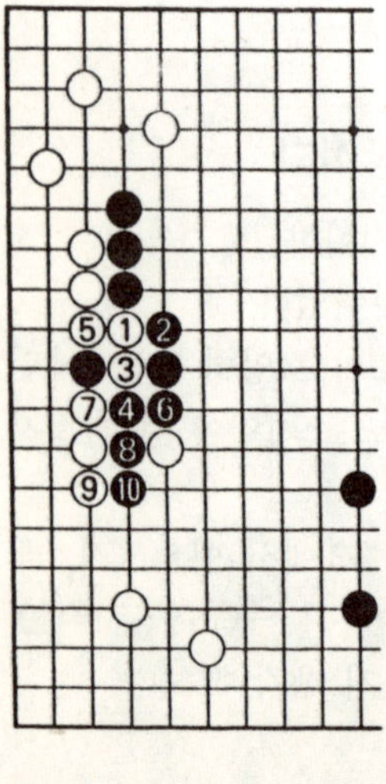

참고도 1

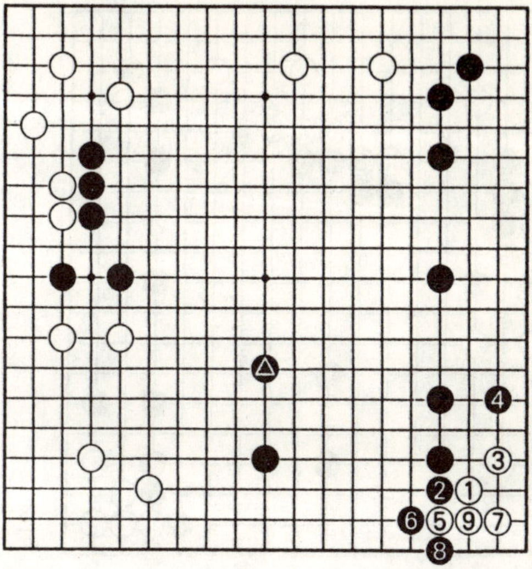

2
도

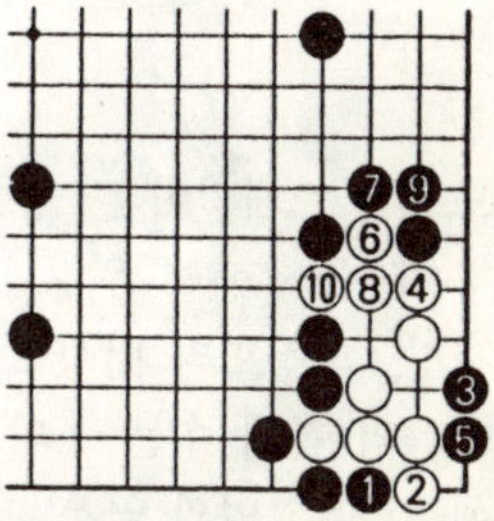

참고도
2

2도

어떤가, ▲의 일착으로 흑의 모양이 훨씬 커졌다고 생각지 않는가. 이 스케일에 비하면 백집은 약하고 작다.

단 흑이 모양을 전부 확정집으로 만들 수는 없다. **1도**에 이어 백**1**의 3·3 뛰어들기로 귀의 집을 망치게 하였다. 대강 25집의 크기. 그러나 이것도 계산이 끝났다. 우변과 중앙의 흑이 확정집으로 변하고,그것으로 또한 백집에 충분히 대항할 수 있기 때문이다.

백**9**에 이어 다음의 한 수가 전부터의 표적. **1도** 흑**1**과 관련된 구상이다.

참고도2 우하의 백을 바로 흑**1**·**3**으로 따기는 무리.

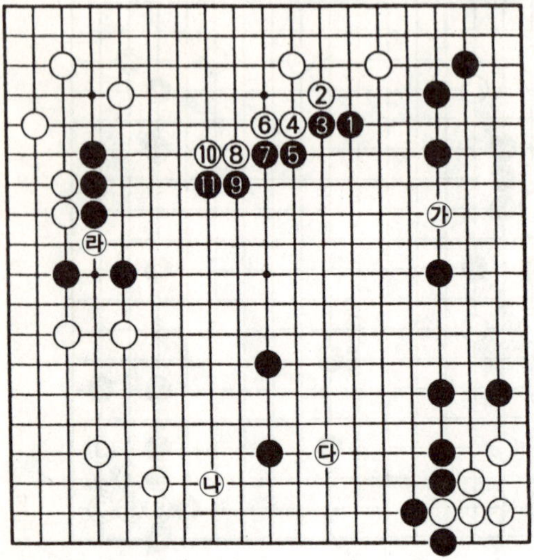

3
도

3도

모양의 스케일이 큰 형을 '골이 깊다' 고 형용한다.

흑 **가** 와 **나** 에서 우변과 하변의 집을 확정시키는 것은 간단하지만, 그 정도의 발상으로는 부족하다.

다음의 흑의 수는 1의 눈목자였다. 이것으로 우변에서 하변에 걸친 모양의 골을 단숨에 깊게 한다. 또 이렇게 되면 백 **가** 나 **나** 의 뛰어들기는 고스란히 흑 모양에게 먹혀버린다.

백은 마늘모에서 상변의 집을 굳혀 대항하였다. 백 10 까지 최대한 분발하였다. 흑도 또 최강의 분발로 9 · 11 로 중앙을 둘러싼다. 그리고 흑 11 의 밀기가 좌변의 흑과 관련, 백 **라** 의 공격도 완화된다.

이대로 흑 모양이 확정집이 되면 백 큰 차로 지므로 백의 제거가 어렵다. 흑에게 즐거운 국면일 것이다.

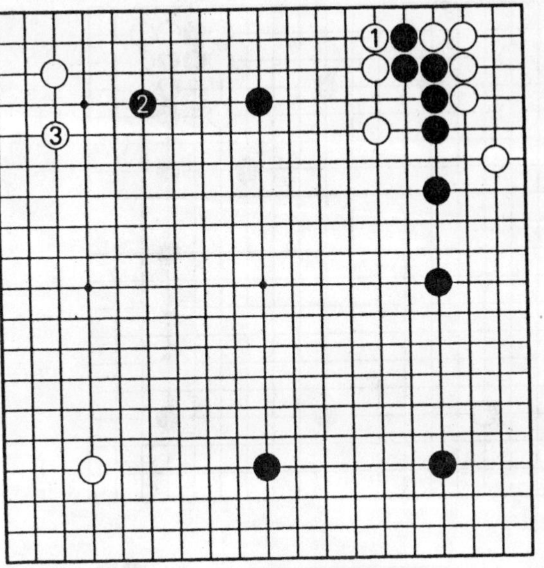

기본도

제2형

보이지 않는 곳부터 큰 모양을 낳는 武宮流의 비밀

山城宏 6단(백)과의 명인전의 대국이다.

흑은 우변의 3연성에서 상·하의 변으로 전개한 큰 모양 작전. 백은 우상귀의 집을 망치고 다시 백1로 눌러 상변을 망치러 왔다.

상변의 백 세 점은 근거가 없는 돌이다. 따라서 흑은 이것을 표적으로 단숨에 우위를 구축하고 싶은 기분이 될것이다.

흑2, 백3으로 살린 후 흑의 다음 한 수는 회심의 일착이었다.

정확히는 맞지 않아도 대체 어느 방향인지 다음 한수를 생각해 보자.

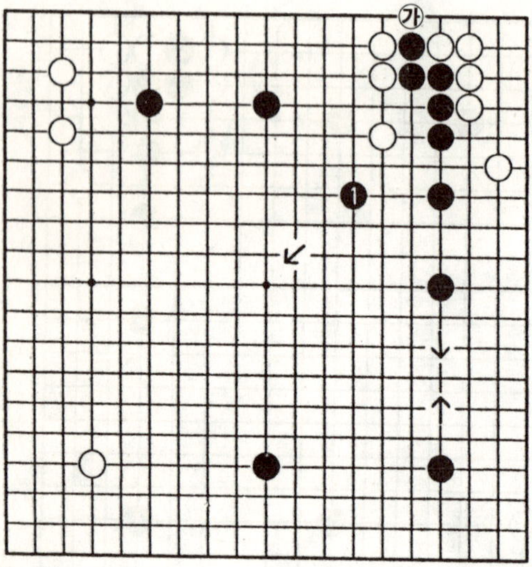

1도

1도

흑1이 다음의 한 수였다. 한복판의 요충을 제압하고 백가의 건넘 강요하고있다. 백가로 건너게 하면 공격의 목표를 잃은 기분이 들 지도 모른다. 그러나 백가의 연락은 돌이 살았다는 것뿐, 공배에 지나지 않는다. 흑1은 화살표 방향에 입체적인 구상을 갖고 있다. 또 흑이 공격하는 만큼을 생각하여 **참고도** 흑1 · 3으로 백의 건넘을 막는 것은 백4로 상변에 뿌리를 내리게 하고 반대로 상변의 흑이 약해진다.

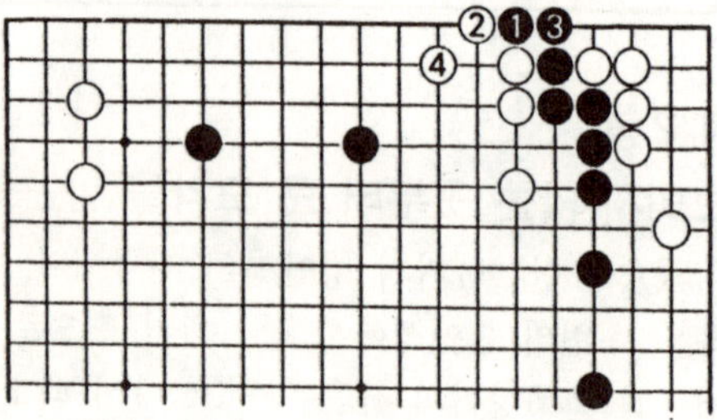

참고도

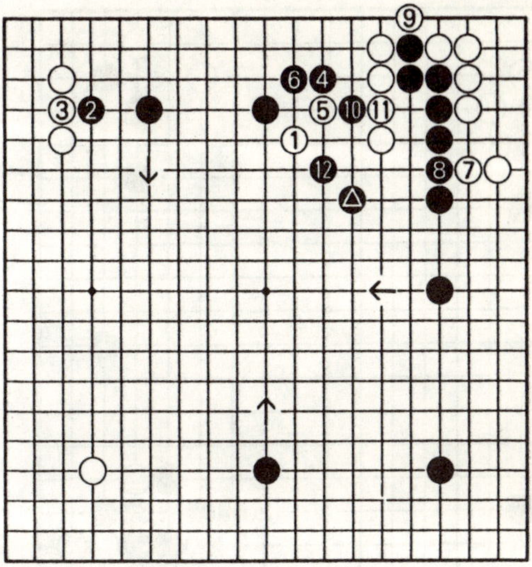

2
도

2도

기본도에서는 흑은 우하에서 우변, 중앙에 걸쳐 모양을 만들고 있다. 일견 스케일이 크지만 헛점투성이었다. 따라서 상변의 백을 공격하여 이 모양 속으로 몰아넣었다 해도 공격에 도움이 될지 의문이다. 잘못하면 자기의 집으로 몰아넣어 집을 망치게 된다.

전도에 이어 백은 중앙으로의 진출을 막고 우상귀에 연락하는 수밖에 없다.

백 **1** 로 한번은 중앙에 두었으나 흑 **4** 로 근거를 뺏기면 건넘이 막혀 힘든 싸움일 것이다.

백 **9** 의 건넘은 공배의 연결이 되며, 한편 흑은 마늘모까지 중앙을 봉쇄하였다. 이것으로 상변에 흑의 세력을 구축, 중앙 흑의 모양의 골이 한번에 깊어졌다. ▲의 한 수부터 흑의 구도가 입체적이 되는 것을 알 수 있을 것이다.

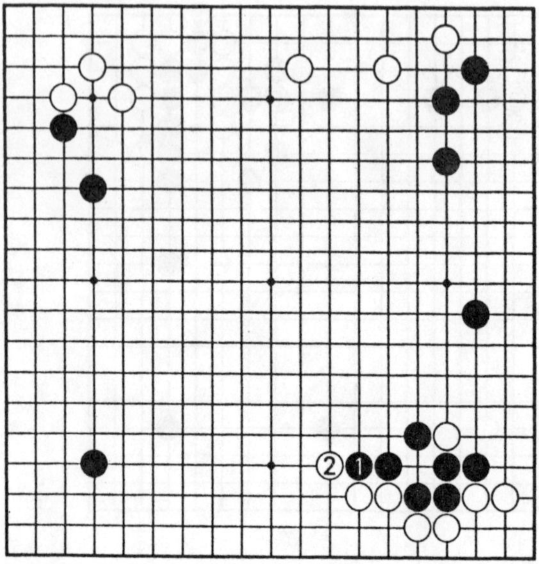

기본도

제3형

'宇宙流'에서도 잘못한 대구상(大構想)의 어려움이란

조치훈 명인(백)과의 대국이다.

백은 상변과 우하를 집으로 하였다. 이에 대항하는 우변과 좌변의 흑의 포진은 백을 상회하는 것으로 보인다. 그러나 이것을 입체적인 구도로 정리하려면 그 나름의 궁리가 필요하였다.

우선 하변을 흑1로 누른다. 백2의 반발에 이하 어떻게 하여 구상을 세울지 생각해 보자.

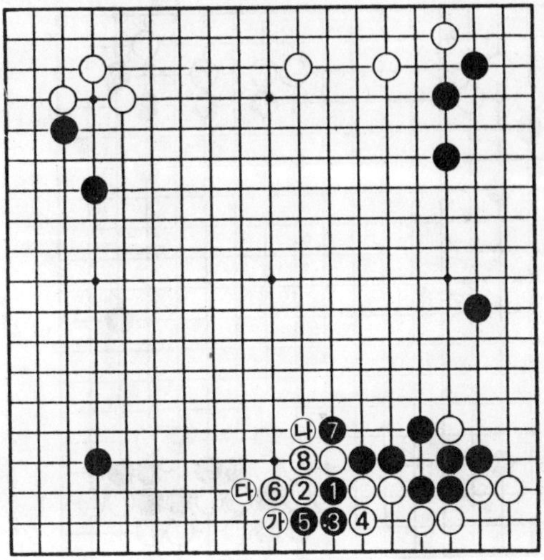

1도

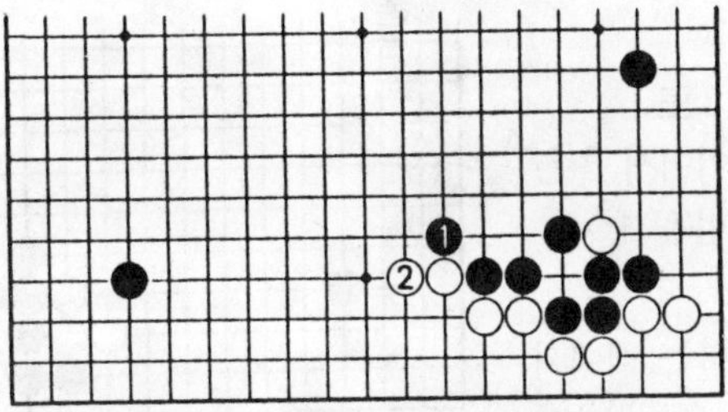

참고도 1

1도

흑 1로 여기서 끊는다. 백 2·4로 두어 끊은 흑돌은 움직이지 못하나, 그것으로 좋다. 하나 5로 꺾고, 7의 맞댐을 살린다. 흑 1 이하의 세 점은 사석.

이렇게 해 두면 **가**의 김, **나**의 밀기에서 **다**의 붙임 표적등, 여러 가지로 맛을 볼 수 있다.

참고도 1

단순히 흑 1로 젖히는 것은 백 2로 뻗게 하여 맛이고 뭐고 없다.

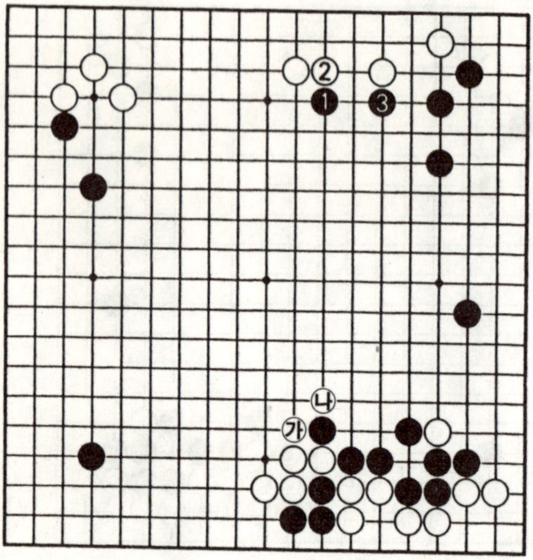

2도

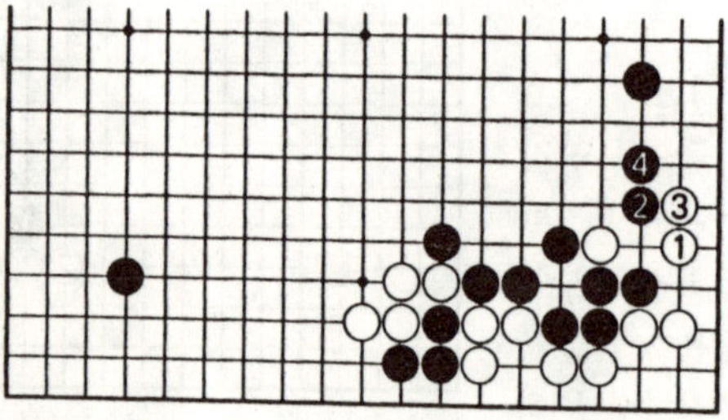

참고도2

2도

이어서 흑은 상변을 1 · 3으로 정한다. 우하는 백에서의 수를 기다린다.

어떤가, 한복판에 큰 모양이 출현하였다고는 생각지 않는가.

이 후 백**가**로 두면 흑**나**에서 하변의 흑 세 점은 아직 맛이 남는다.

참고도2

백1에서는 흑2 · 4로 받고 있으면 우변의 빈 귀의 피해는 최소한으로 끝난다.

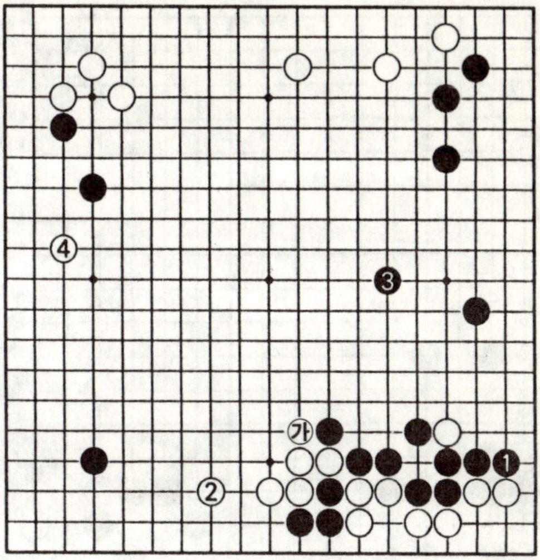

3
도

3도

그러나 실전에서는 흑1의 누름을 두었다. 결국 우하의 빈귀로 대국적인 구상을 잘못하였다.

흑1에 이어 백2로 받고, 이번에는 흑가의 밀기가 살지 못한다. 흑3으로 작게 둘러싸는 수밖에 없다. 이 정도는 흑불충분.

백4로 좌변의 급소에 두어 흑의 큰 모양 구상은 실패하였다.

큰 모양이 장기인 내가 도중에 실패한 예였다. 그만큼 큰 모양이란 감각적으로 어렵다.

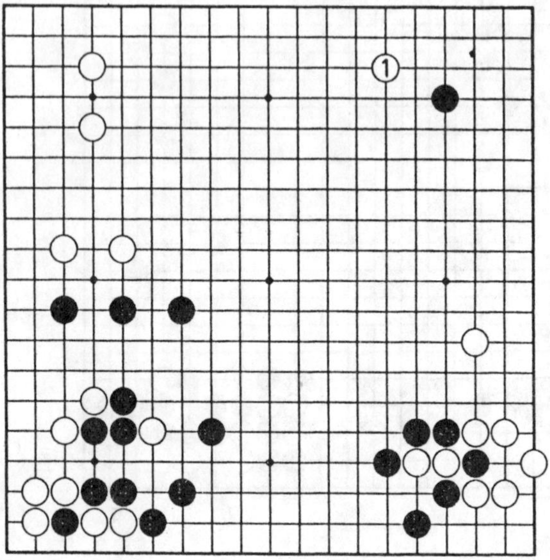

기본도

제4형

부분에서 손해라도 대국에서 리드하는 구상

加藤 9단(백)과의 대국이다.

좌하의 싸움이 일단락되고 백1로 우상귀에 걸쳤다. 여기서 흑이 어떻게 둘 지가 문제이다.

우상의 정석을 택하기 위해서는 우하와 좌상의 포석을 생각하지 않을 수 없다.

우하는 백의 굳은 대비가 있고 좌상의 백은 상변에 모양을 만드는 가능성을 가진 세력을 갖는다. 그렇다면 흑의 다음수도 자연히 정해질 것이다.

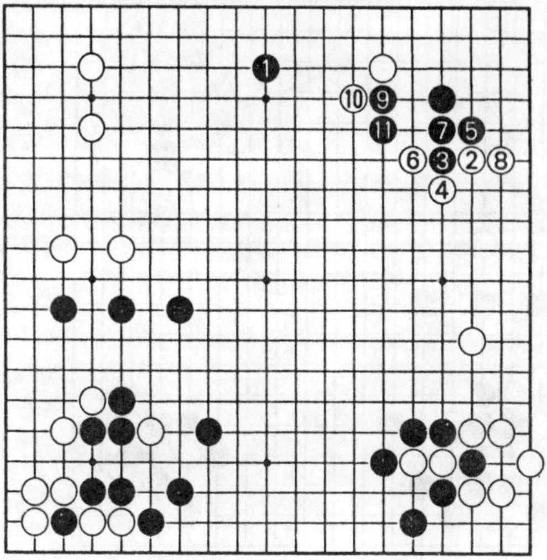

1
도

1 도

흑의 다음 수는 협공이었다.

이 포석에서는 우상귀나 우변보다도 상변이 초점이다. 좌상의 백의 세력을 자연스럽게 제약하는 것이 중요하였다.

백 2 는 당연한 반격. 이 후 어려운 변화인데, 흑 1 의 요점을 차지하기 위하여 흑 유리하게 전개한다.

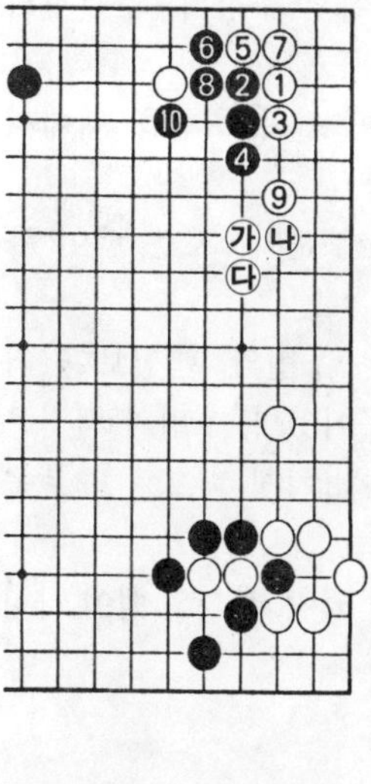

참
고
도
1

참고도

1 도 백 2 에서 백 1 의 3 · 3 은 무책. 흑 10 에 이어 흑가, 백나, 흑다 로 흑집이 중복된다.

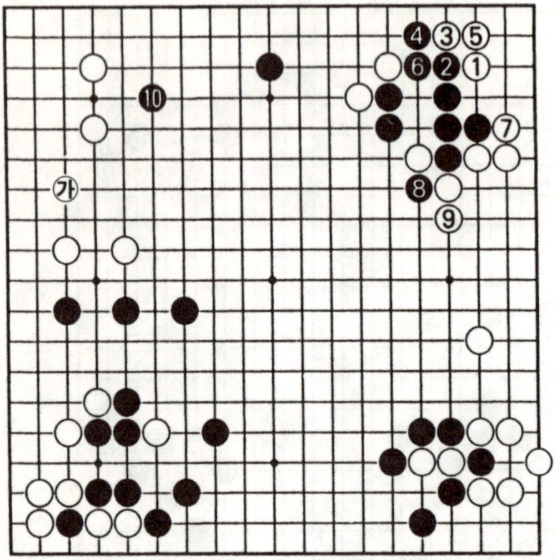

2
도

2도

1도에 이어 백1의 3·3들어가기에서 우상의 양걸침의 새로운 정석이다.

이 정석으로 일관하고 있는 것은 흑이 귀와 우변을 백에게 주고 대신에 세력을 만들려는 것이었다.

백9까지 백은 충분히 집을 넓힌다. 부분적으로는 백이 유리할 것이다.

그러나 전국적으로 보아 중요한 것은 우변의 백집보다 좌상의 백의 세력을 없애는 상변의 큰 곳이었다. 우변의 백집은 이미 확정된 우하의 백집에 다시 집을 겹치게 되므로 새로운 거점을 만들려는 돌의 기능이 없다.

흑10의 벌림으로 상변은 흑 모양이 되며 좌상의 백이 약하다. 흑가의 엄한 표적이 유력하다.

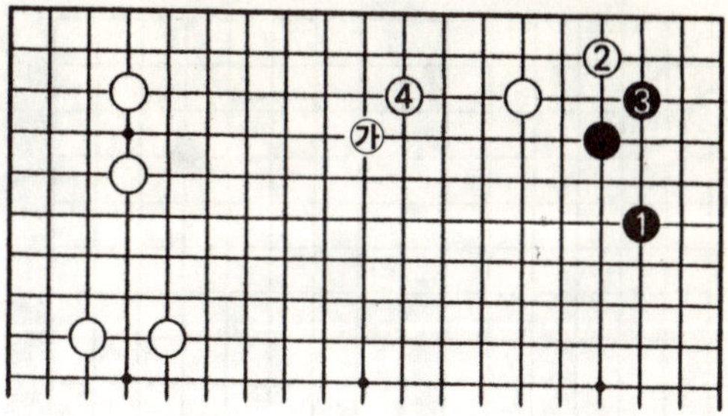

3
도

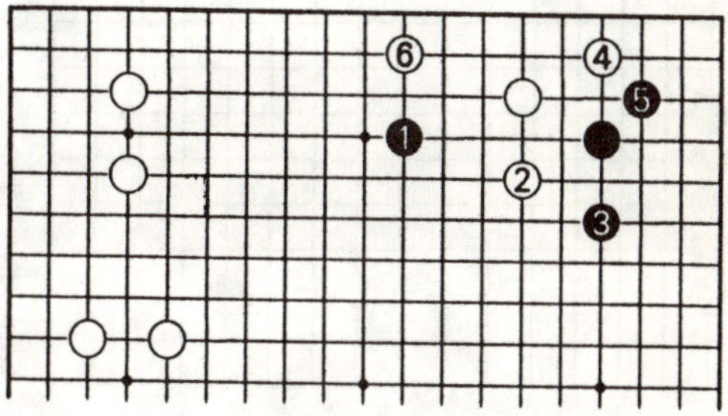

4
도

3 도

기본도 후 흑이 평범하게 1로 받았다고 하자.

백2 · 4는 정석. 이것으로 상변에 백의 모양이 생기며 흑 가에서의 제거를 두어도 백이 주도권을 쥔 싸움이 될듯하다.

또 흑1로 우변을 굳혀도 우하의 백이 강하므로 주변에 영향을 주는 기능이 없다.

4 도

상변을 협공하여도 흑1의 두 칸 높은 협공은 백2에서 6으로 상변에 뿌리를 내리고, 협공한 흑1의 한 점이 떠버린다.

이곳은 역시 1도와 같이 상변에 뿌리를 내리고 백의 좌상 세력을 미연에 제거하여 두는 것이 훌륭한 대국 구상일 것이다.

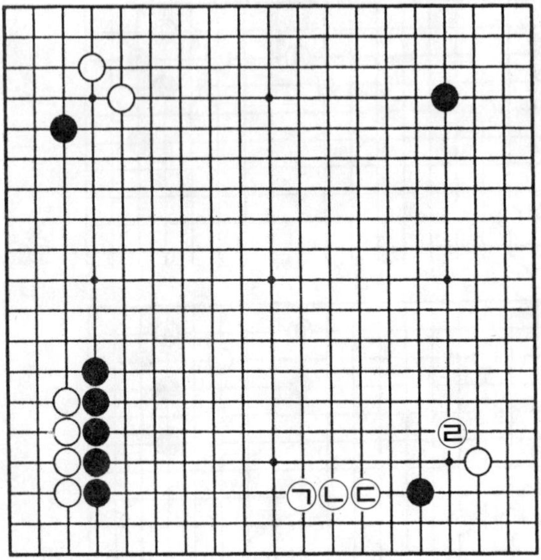

기본도

제5형

상대의 세력을 분할하는 구상

제35기 본인방전 石田芳夫 9단(흑)과의 대국에서 나온 포석이다.

이 국면에서 백의 다음의 한 수는 당연히 하변이나, 어디에 둘 지 아주 미묘한 곳. 문제는 좌하의 강력한 흑의 벽이다. 이 흑의 세력을 어떻게 생각에 넣을지, 그것에 따라 포석의 구상도 살아났다 뿔뿔이 흩어졌다 한다.

이 바둑은 흑의 石田 9단이 모양, 백인 내가 실리로, 일상적인 기풍의 반대를 취하고 있는 것이 재미있을지 모른다. 그러나 돌의 흐름에서 그렇게 되는 일도 가끔 있다.

ㄱ에서 ㄹ 중 당신이라면 어떤 점을 택할까.

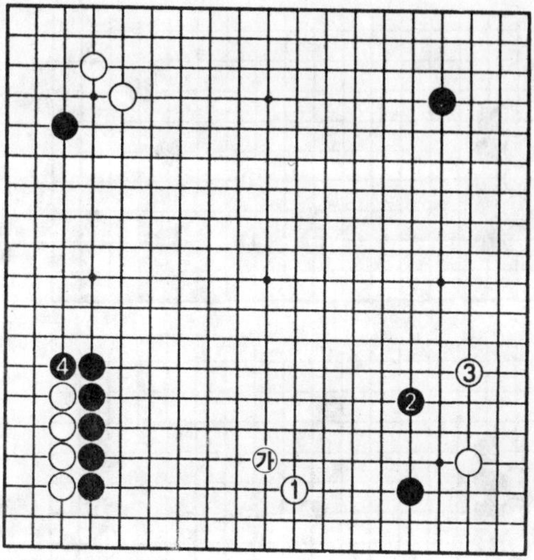

1도

1도

내가 둔 백1의 세 칸 협공이었다. 이것이 밸런스를 취한 협공이다.

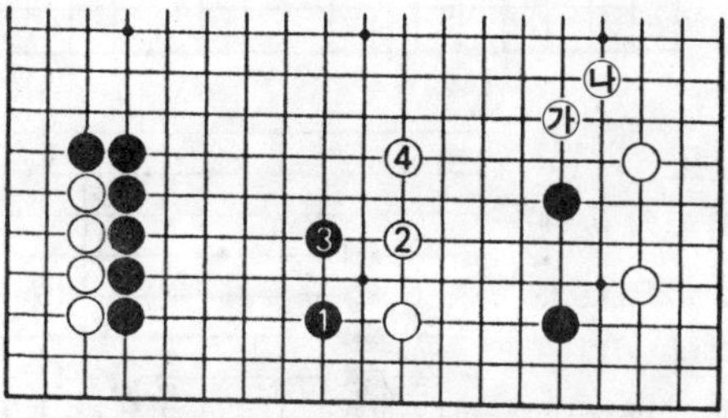

참고도 1

흑2, 백3의 교환으로 하변은 이 후 흑에서 적당한 한 수가 없다는 것이 백의 표적이었다. 흑은 도리가 없이 실전에서는 4의 호점으로 돌았다.

참고도 1

이어서 혹 흑1로 메워오면 백2로 간명하게 뛰어도 좋다. 흑의 좌하의 벽은 폭이 좁고 백 충분한 결과이다. 다음에 흑가라면 백나로 호조.

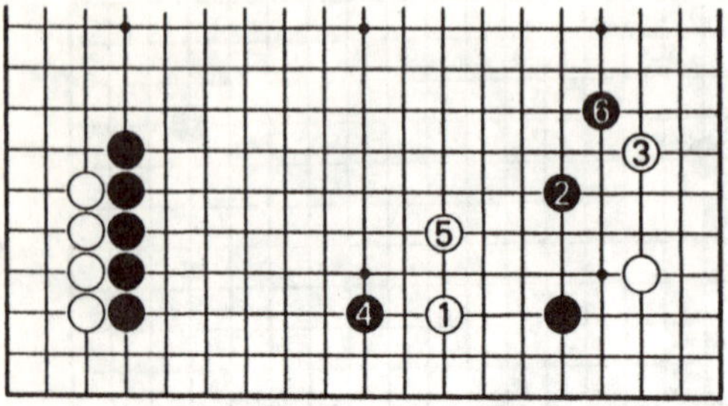

2도

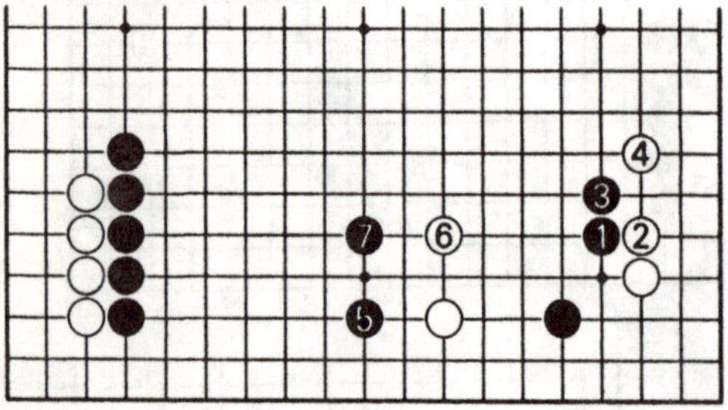

3도

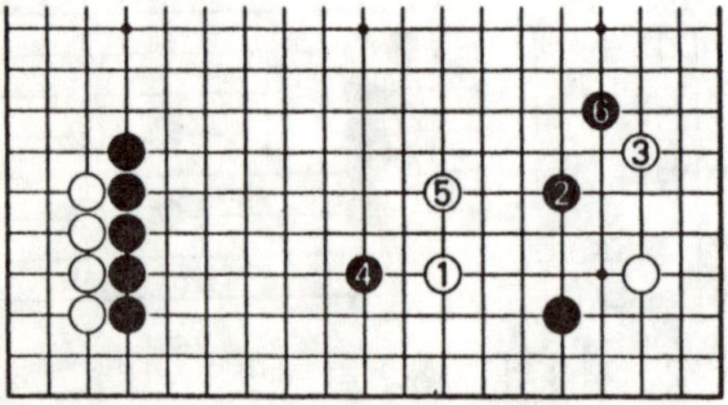

4도

2도

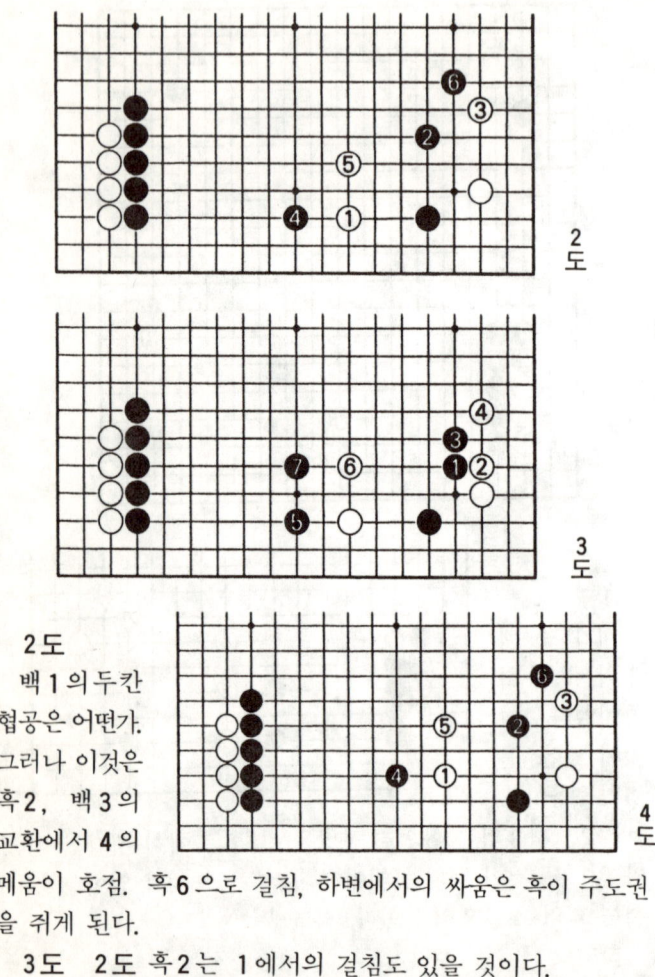

백 1 의 두칸 협공은 어떤가. 그러나 이것은 흑2, 백3의 교환에서 4의 메움이 호점. 흑6 으로 걸침, 하변에서의 싸움은 흑이 주도권을 쥐게 된다.

3도 2도 흑2는 1에서의 걸침도 있을 것이다.

이하 흑7로 추격하는 모양이 되면 역시 백은 쫓기는 입장이다. 4도 백1의 두 칸 높은 협공 정석도 2도와 대소동이하다.

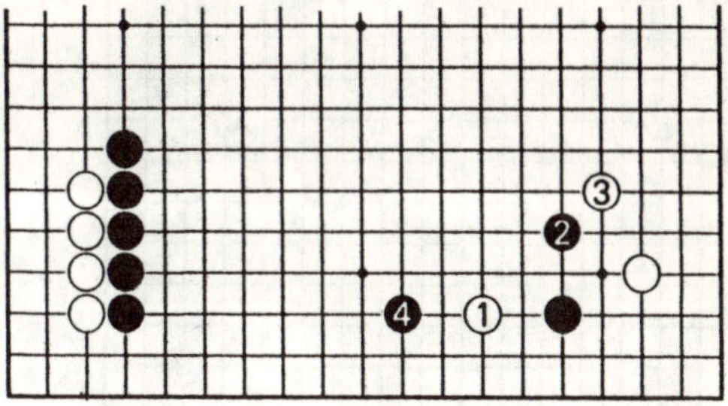

5
도

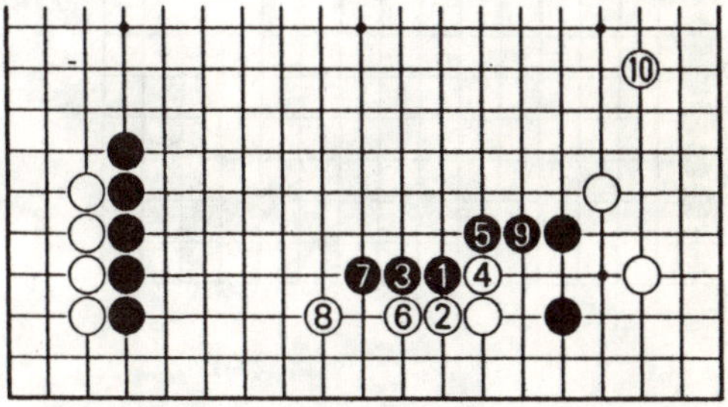

6
도

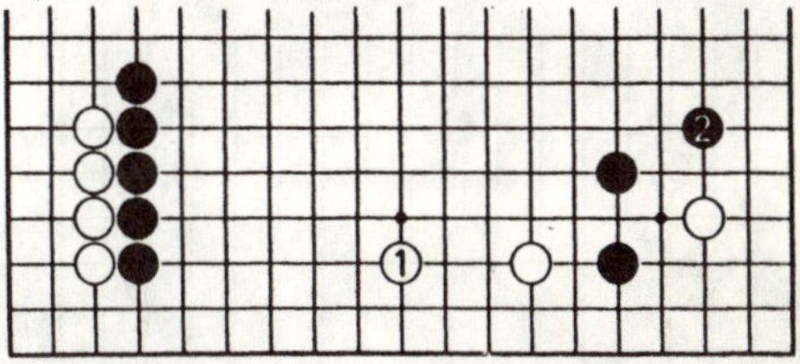

7
도

5도

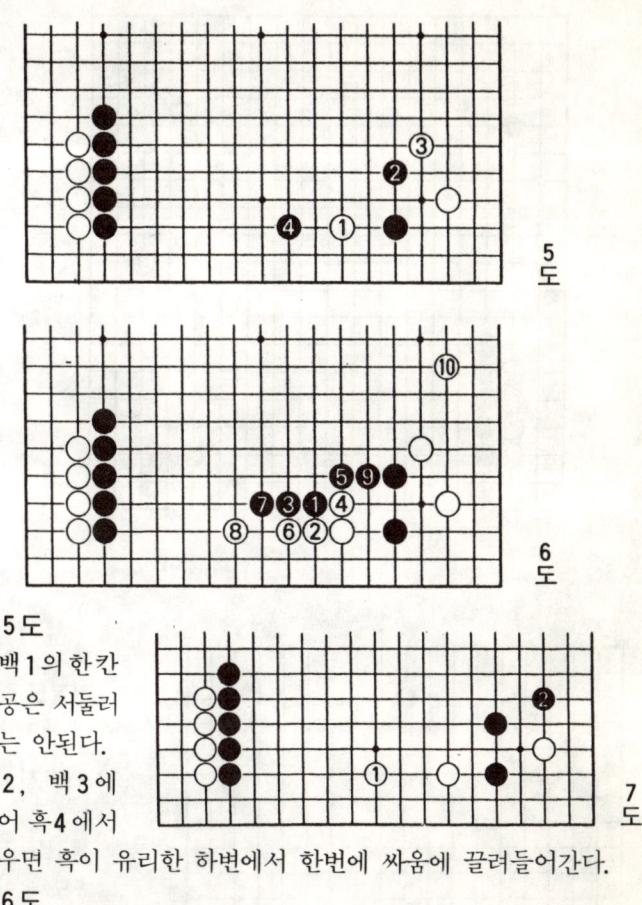

백1의 한칸 협공은 서둘러서는 안된다. 흑2, 백3에 이어 흑4에서 끼우면 흑이 유리한 하변에서 한번에 싸움에 끌려들어간다.

6도

5도 흑4에서 본도 1로 걸치는 정석은 선택의 착오. 백2 이하 백8까지 하변을 장식하면 흑 무엇을 둘 지 모른다.

7도

5도 흑2에 백1로 하변에 벌리면 흑2의 봉쇄가 정말 너무 클까.

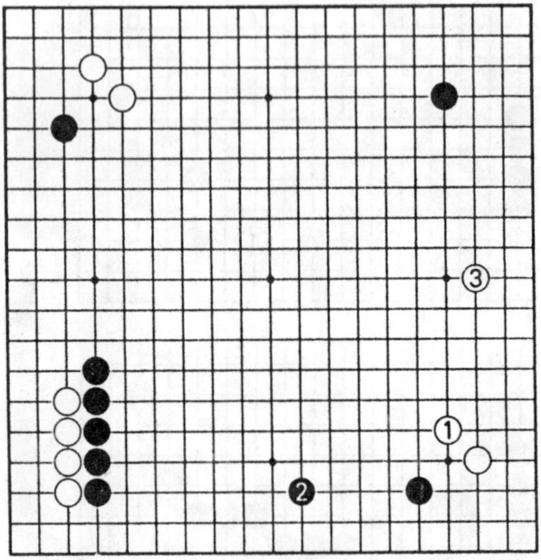

8도

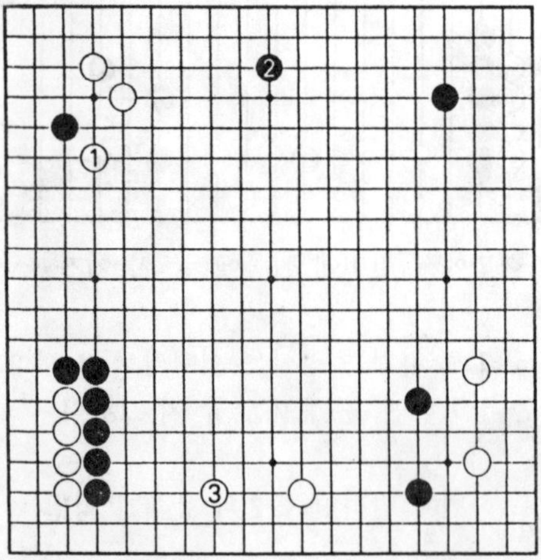

참고도 2

8도

기본도로 돌아가 백 1의 마늘모는 너무점잖다.

참고도 2

1도에 이은 실전이다. 백의 작전은 국면을 작게 분리해 갈 목적이었다.

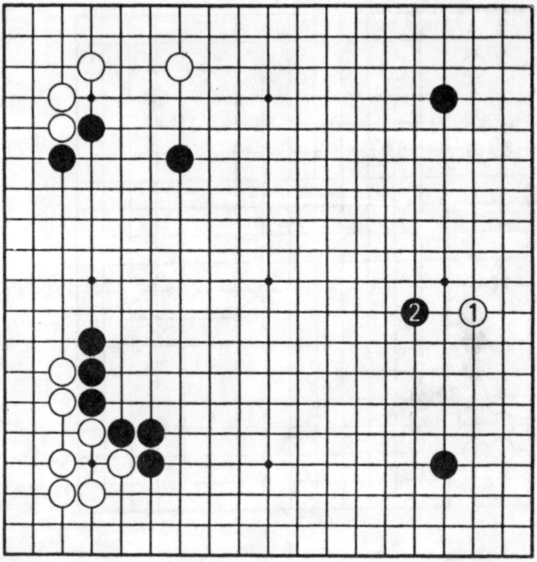

기본도

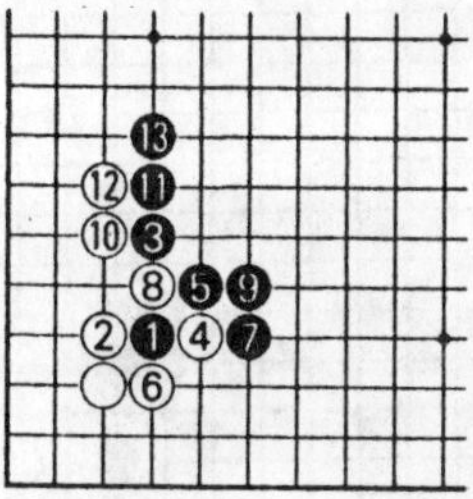

참고도 1

제6형

전국의 돌을 관련시킨 흑 2의 모자씌움

중국의 馬曉春(백) 7단과의 바둑이다.

우변의 2연성을 살려 안의 바둑을 두려고 생각하였다. 좌상과 좌하는 귀의 실리를 버린 방법이다.

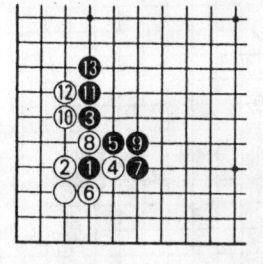

좌하는 **참고도** 흑 1에서 13까지의 3·3 정석으로 백의 실리가 크다. 그러나 지금 확정된 집이 없어도 흑의 세력이 관련되면 백의 집을 상회하는 흑의 모양이 생길 것이다.

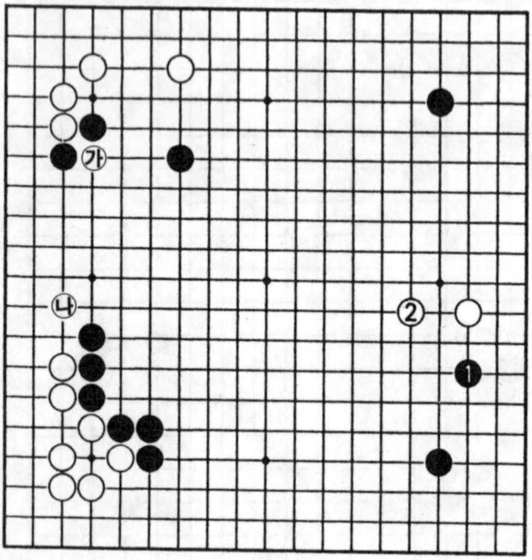

1도

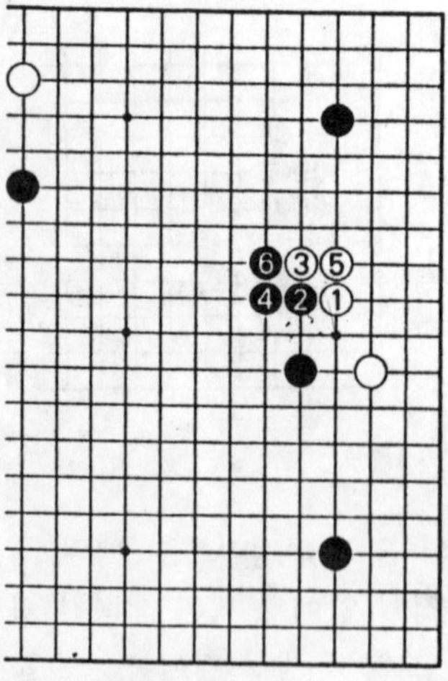

2도

1도

기본도 흑2로 우하에서 1로 메우면 백2이다. 좌변의 흑의 세력은 가의 끊음이나 나의 뜀이 있고, 변에 집을 만드는데 도움되지 않는다. 흑의 표적은 중앙이므로 그 중앙에 백2로 뛰게 하는 것은 전국적인 작전에 모순된다.

2도

기본도에 이어 백1이라면 흑2 이하 스케일로 중앙을 정리한다.

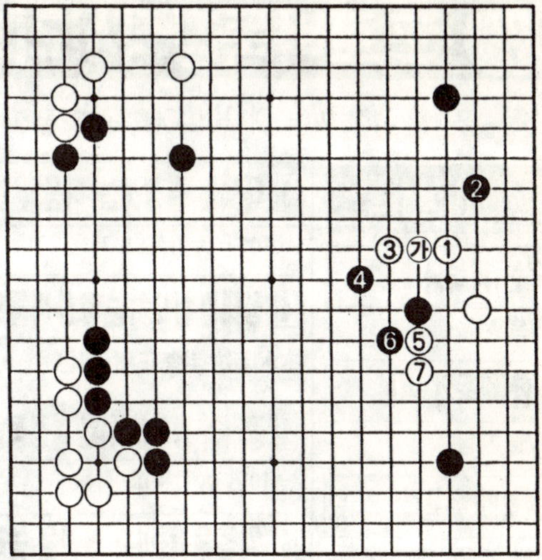

3 도

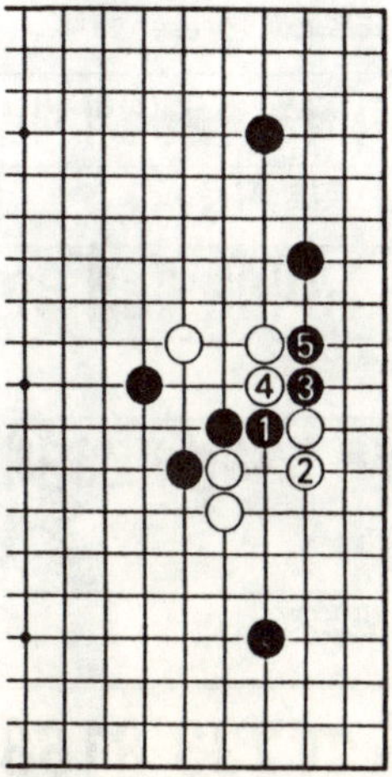

4 도

3 도

흑 2 에서 가로 두는 2 도가 유력하다. 실전에서 내가 택한 것은 흑 2 의 공격. 공격하면서 중앙을 굳히려는 것이다. 백 3, 흑 4 이다.

백 5 는 흑의 모양을 망가뜨릴 수단을 찾고 있으나 좀 힘들다. 흑의 반격을 구하여 고전이 되었다.

4 도

전도 후 흑 1 에서 5 로 백이 2 분되며 이 후는 백이 일방적으로 공격받아 우상, 우하, 중앙의 흑집을 굳혔다.

54. 상대를 압도하는 강한 바둑구상력

2013년 3월 15일 인쇄
2013년 3월 30일 펴냄

옮긴이/ 프로바둑연구회
펴낸이/ 최 상 일
펴낸곳/ 구.진화당(태을출판사)
서울특별시 중구 신당6동 52-107 (동아빌딩내)
등록/1973년 1월 10일(제4-10호)

*잘못된 책은 구입하신 곳에서 교환해 드립니다.

■주문 및 연락처
우편번호 100-456
서울특별시 중구 신당6동 52-107 (동아빌딩 내)
전화 / 2237-5577 팩스 / 2233-6166

ISBN 89-493-0370-1 13690